# Ideal y realidad de la reforma universitaria

# Ideal y realidad de la reforma universitaria

María del Refugio Navarro Hernández

Número de Control de la Biblioteca del Congreso de EE. UU.:           2013921745
ISBN:            Tapa Dura                                  978-1-4633-7440-2
                 Tapa Blanda                                978-1-4633-7439-6
                 Libro Electrónico                          978-1-4633-7438-9

**Maestría en Educación. Universidad Autónoma de Nayarit** MEDUC
**Cuerpo Académico Sociedad y Región. Universidad Autónoma de Nayarit**

**Para realizar pedidos de este libro, contacte con:**
Palibrio LLC
1663 Liberty Drive
Suite 200
Bloomington, IN 47403
Gratis desde EE. UU. al 877.407.5847
Gratis desde México al 01.800.288.2243
Gratis desde España al 900.866.949
Desde otro país al +1.812.671.9757
Fax: 01.812.355.1576
ventas@palibrio.com
506822

# ÍNDICE

# PRÓLOGO

Aprovecho la oportunidad de prologar este trabajo, algunos años después de su elaboración en la que participé como tutor-asesor en aquellos momentos dedicados al estudio de las universidades públicas. El tiempo transcurrido tiene la ventaja de permitir ver este esfuerzo, plasmado por la autora, desde una nueva perspectiva, lo cual da oportunidad de actualizarnos en el diálogo y, al hacerlo, compartir con el lector lo que está ocurriendo en el final del año 2013. Las fechas tienen la desventaja de atentar contra el sentimiento de novedad. El periódico de ayer, que leímos con tanto interés, lo pierde en el advenimiento del nuevo día. Esta concepción de un tiempo lineal siempre ávido de futuro, es una herencia europea que se pone en conflicto con el concepto del tiempo que privaba en nuestro territorio y sus múltiples grupos y naciones, antes de la llegada de los españoles. El concepto del tiempo es un tema muy relacionado con libros como éste, que intentan ubicarnos en la historia de la universidad pública en México. También de ello hablaremos.

Cuando la doctora Navarro redactó este libro, nos preocupaba la crisis que veíamos en la universidad pública. Si bien las amenazas no han cesado, hoy podemos ver el panorama de la educación superior con nuevos ojos. Hoy está más clara la necesidad de una nueva visión del gobierno de las universidades para un mejor desarrollo de la capacidad institucional; hoy la lucha entre el positivismo y las formas alternativas de investigar van confluyendo en métodos más proporcionados y novedosos: hoy se hace más evidente que sólo con mayor capacidad de proyecto, se logra que una institución prospere y se desarrolle. Esto indica que es cada vez más claro que un buen gobierno depende de una buena planeación y administración. No hay mejor u otra técnica política que supere a la de la planeación democrática situacional. Y por fin, queda cada vez más claro que nuestras instituciones necesitan psicoanalizarse, que es requisito que se recupere la salud mental de todos los habitantes que hacen la universidad, en especial aquellos próceres convertidos en momias que se mantienen sentados en el estrado, aferrados a la mesa de las ceremonias, ejerciendo su poder, desde una visión obsoleta que requiere de un urgente auto-análisis, para decidir dar lugar y espacio a las nuevas generaciones y las fuerzas renovadas de una nueva forma de hacer política.

...

Las universidades han cambiado. La UAN también. Hoy el Estado ya no es el motor del desarrollo. Hoy vemos cómo desde el centro, la política es decretar el fin de la política, es decir, se está acabando con el concepto de políticas públicas a seguir emitidas por el centro. En las últimas contiendas electorales, la ausencia de proyecto político ha sido clara. Tanto a nivel nacional, como a nivel institucional. Los nuevos rectores no llegan con proyectos, sino por otros caminos dentro de una lógica que sólo los expertos en análisis político, conocen. Los discursos y las promesas se redactan por asesores-expertos, lejos de la comunidad a la que van dirigidas. Son características propias del final de la época del estado del bienestar. Ahora el gobierno no es el que conduce el sistema, sino simplemente se ocupa de salvaguardar y, a veces, generar las condiciones para que los actores que lo conforman lo hagan. Esto marca un cambio importante, porque obliga a una mayor capacidad institucional para que desde ella se construya un sistema con capacidad de responder a las necesidades sociales. A falta de proyecto, o bien los componentes de la universidad (como del país) desarrollan su capacidad de propuesta, de guía, de decisión, de mando, si no quieren quedarse a merced de las fuerzas del mercado y la competencia, o lo que es igual, las fuerzas de la inercia, usos y costumbres. En suma hoy cuenta más lo que puede hacer un agente específico, unido con otros, sumando fuerzas inter-institucionales y conectados en red con otras universidades de México y el mundo, que lo que puede hacer el rector. No estoy diciendo nada nuevo, pues es un proceso que viene llevándose desde hace casi tres décadas. Lo conocemos vulgarmente como "neoliberalismo".

Estos cambios no impiden que dentro de las instituciones y de nuestra mínima labor, no podamos hacer las cosas mejor. Una de ellas es luchar contra la mala manera de gobernar, que ha debilitado a las instituciones, repitiendo criterios y prácticas obsoletas. El problema no es sólo político ni sólo teórico-intelectual, es, en todo caso, tecno-político, y eso obliga y demanda una formación que complemente ambas dimensiones. Es importante asumir que la racionalidad neoliberal nos ha ido penetrando, y lo podemos medir auto-analizando nuestras propias conductas: hoy registramos nuestras actividades, exigimos comprobantes, y vamos acumulando pruebas de nuestra productividad. Nos evalúan en función de ello por eso preparamos nuestra producción, en función de los tabuladores. Y así nuestra mente se va acomodando hacia los temas que nos garantizan este tipo de éxito, sustituyendo nuestra condición de servidores públicos, por la lógica de la carrera personal. Lo mismo ocurre con las instituciones, van adoptando modalidades que hacen caso omiso del conocimiento local o regional, se van uniformando por todo el territorio. Y también ocurre en otros países de América Latina que, poco o nada, tienen qué ver con el nuestro. Los referentes son los mismos, lo que aquí se llama CONACYT, allá se llama CONICIT, y así son los discursos y los argumentos, como si todos fuéramos lo mismo. Es el mal de la estandarización y la generalización forzada desde los centros de poder (Banco Mundial, OECD, etc.). En México se ha ido conformando un sistema de instituciones de educación superior, distinto al que conocimos en los años 70, y 80. Muy alejado del modelo UNAM en el que me tocó estudiar, en la década de los sesenta. Hoy los de antes, somos los viejos a punto de retirarnos, somos los que provocamos la crisis de la que Gramsci hablaba, los viejos que impiden que nazca lo nuevo. Los viejos vamos dejando de ser una oportunidad. La experiencia no se valora, la juventud tiene la palabra, lo mejor que podemos hacer, es decir, la nuestra, una vez más, y dejar de estorbar al sistema. Es un problema de tiempo. Lo anterior lo hago patente porque una planta académica con 58 años de edad de promedio, debe abandonar todo romanticismo, y darse cuenta que no es posible regresar al pasado.

Las universidades públicas en México aunque siguen siendo las más fuertes, ven avanzar a las universidades privadas, como la Iberoamericana, el Tecnológico de Monterrey, que hoy se encuentran mejor posicionadas. Cabe preguntarse: ¿qué seguimos haciendo las universidades públicas que está tan mal? Se culpa al crecimiento de la administración y la burocracia. Antes la administración no ocupaba el lugar que hoy ocupa, un lugar que nunca se le concedió. En las ciencias sociales hay un fuerte desgaste de los recursos académicos, porque no se tiene la capacidad de entender los problemas de la administración. Se tiene la falsa idea de que son problemas técnicos, mecánicos, tontos, sencillos. Sin embargo, los problemas de la administración no son otra cosa que los problemas de gobierno. Su importancia es tal que produce efectos todos los días. Foucault, dice que la administración como la psicología son ciencias menores, grises. La diferencia es que la administración se transforma y transforma a su entorno todo el tiempo, todos los días. No es posible entender los grandes problemas sin comprender cómo operan. El motor que pone en movimiento al mundo entero es las acciones de operación, los procedimientos y sus reglas. Hoy vivimos en una sociedad donde la forma es fondo, hay dispositivos, procedimientos, rutinas, protocolos, para operar bajo una lógica, para seguir cierta racionalidad. Y esa no se decide en el centro, sino que se va distribuyendo a las instituciones. Las instituciones van a tener que reconvertirse para entender los problemas de conducción, de gobierno, que es decir de planeación y, por lo tanto, de evaluación, y no al revés.

...

¿Qué ha ocurrido en el Sistema Universitario Mexicano? (entendiendo el SUM como todas las instituciones que conforman las universidades públicas, más las estatales, y algunas excepciones. 41 instituciones de las 25.500 que compone la educación superior, atienden al 45% de la matrícula. La política gubernamental se había dirigido, hasta cierto momento, otorgando un peso específico muy fuerte a este sector. El sistema de universidades es sumamente joven. La educación superior en México es reciente. Llegar a entender su problemática, requiere de plazos largos. La historia es un ingrediente fundamental para todo. Los procesos de transformación llevan largos lapsos en tiempo humano. Contrastan con los sistemas. La Universidad de Harvard tiene más de 375 años operando. Nosotros comenzamos apenas en el principio del siglo XX. El primer período de surgimiento fue de 1919 a 1945: una universidad elitista, liberal, no masificada. Se crearon 14 instituciones entre 1910 y 1948. Este es otro tema a trabajar en la investigación formal, estudios que lleven a cruzar los datos cronológicos de conformación de las instituciones con los ejes de los grandes acontecimientos históricos, la revolución mexicana, la industrialización, etc. Luego vino un período de expansión no regulada, de 1950-1980. La demanda de ES comenzó a crecer. Desde 1973-74 se inicia el período de modernización, (Ángel Pescador, Fernando Solana[1]). Para el gobierno estaba claro que había que poner cierto orden a la educación superior y pasar a un modelo distinto al que se venía llevando. Es cuando se crea la UAM, con principios de desconcentración administrativa, órganos colegiados. Muchas pasan del modelo de escuelas y facultades hacia la departamentalización. Se juega con la identidad de las

---

[1]    José Ángel Pescador Osuna, leer sus conferencias, el prólogo al libro de José Antonio Carranza Palacios, *100 años de educación en México 1900-2000*. Fernando Solana, titulado *Historia de la educación pública en México*, publicado por el FCE. 1990

instituciones, hasta en su arquitectura comienzan a homogeneizarse. Todas se parecen, no importa si es una preparatoria o una universidad del norte o del sur. Existe una tendencia a que el estudiante no se identifique con su institución. Por último en 1991 se inaugura la Universidad de Quintana Roo, cubriendo así el mapa estatal, al menos una universidad por entidad. Es necesario conocer todos los mapas del sistema y de sus instituciones, por ejemplo, el mapa de las tecnológicas, diferente al de las llamadas Universidades Tecnológicas, el mapa de los Politécnicos, etc., todos estos mapas sobrepuestos nos dan un panorama sorprendente. Contradice la idea de que el gobierno no ha invertido o que no ha financiado a la educación. Los mapas nos demuestran que es una aseveración falsa. Aunque podemos afirmar que, así como financia, también, desperdicia muchísimos recursos. Otra declaración falsa es pensar que se está privatizando la educación superior en México. Los últimos ejercicios públicos, han sido de fortalecimiento del SUM. Si bien no se han creado nuevas universidades públicas, sí se han creado nuevos campus en universidades existentes. Los números son elocuentes:

a) La matricula de la ES en 1950 era de 30 mil estudiantes. Hoy en 2012, ha pasado a 3.493,000
b) La expansión: de una veintena en 1950 a 2,500 actualmente.
c) La planta académica: tenemos 82 mil profesores de tiempo completo y cerca de 20 mil en el SNI
d) La cobertura: de 1% a 30 % en poco más de seis décadas.

La lectura de este libro, se ubica mejor si hacemos conciencia de estos números, si nos sumergimos en la realidad general, el panorama entero. No es saludable quedarse en el nivel regional. Recordemos las etapas recientes y ubiquémonos en el tiempo. Podemos reducir a tres momentos las políticas de la modernización, que se han sucedido desde que empieza a modificarse el modo de racionalidad. Un primer ciclo (1989-2000) sigue la lógica de la negociación política inscrita en un marco de negociación tipo corporativo. A continuación se inicia un segundo ciclo (2000-2008) que es un proceso de reincorporación de la planeación de la educación superior (PIFI - Programa Integral de Fortalecimiento Institucional) junto a procesos de acreditación y certificación. Se aplica el mismo modelo de planeación que se conocía desde el SINAPPES o antes, un modelo normativo que ha perdido toda vigencia, pero que forma parte de la cultura dominante. He aquí otro tema de investigación ¿Cuál es la cultura de la planeación en la educación en México?[2] Sin profundizar en otras alternativas, fuimos dando pasos hasta inaugurar la época de los PIFIS, las acreditaciones, el Sistema Nacional de Investigadores, el Pronabes, etc. Esta lógica no es privativa de la educación superior, es una estrategia de control a partir de evaluar todo lo que hacemos. Pero para evaluar es necesario planear. Se inicia así un tercer ciclo (2012- en adelante), cuando desde la política se trata de construir un entramado institucional para guiar la conducta de las instituciones. La premisa es construir reglas que dirijan el comportamiento de las instituciones y eso es lo que se entiende por gobierno: modificar la conducta, a partir de la información. Es una ciencia del Estado, basarse en lo que me dice la información para alterar, afectar comportamientos. Entramos de esa manera a la era de la administración, aunque no lo sea en sentido estricto: porque la administración es la forma más perfecta de hacer política. Hay intereses, poder, pero hay una extrema legitimidad de la administración basada en el dato, en el rigor, en la certidumbre. Una ventaja de este conocimiento es que protege, legitima al gobernante de entrada, con base en los datos. El desempeño se utiliza para gobernar. Cuando mido, el juego político no esta en medir sino en la definición de qué y cómo se mide. Hago política cuando establezco el indicador y el proceso a seguir para medir, porque hay que definir qué se mide y cómo, que beneficiará a unos y perjudicará a otros. Es un proceso largo en el que estamos mientras se construye un nuevo entramado social en donde la mala planeación y la simulación tiene que dar paso a la buena planeación y al rigor. Esto ha implicado dos cosas importantes: por un lado demuestra que las instituciones en México siguen siendo niñas, hay que cuidarlas y decirles cómo. Esto implica la construcción de una estructura de gobierno fuera de las universidades, de las instituciones, el PIFI, la reforma de los planes de estudio, las conductas a seguir, se definen afuera, en el CIEES, en órganos colegiados, en instancias que abarcan más, etc.,. Esto hace evidente que las instituciones educativas no han sido capaces de operar por sí mismas. Y esto, de alguna manera es lo que queda documentado en las reflexiones de este libro, que sirve de ilustración a este contexto, aquí resumido, para aprovechar el prólogo e introducir al lector a la realidad de la educación superior mexicana del día de hoy.

---

[2]  Eduardo Ibarra concertó, durante el inicio de este año 2013, que lleváramos en la UAM Xochimilco, cursos sobre Planeación Estratégica Situacional, siguiendo el modelo del chileno Dr. Carlos Matus. Estaba convencido que la falta de discusión sobre el tema de la planeación asociado al de administración y gobierno, mantendría la actual debilidad conceptual en la formación de los futuros funcionarios públicos y líderes educativos.

...

Aprovechemos entonces el papel impreso de este prólogo, para decir algunas otras cosas más, que considero son útiles para ubicar al lector en la problemática de las universidades públicas de hoy. Esto que ahora comparto y mucho de lo dicho en las páginas precedentes, es resultado de muchas conversaciones sostenidas con Eduardo Ibarra Colado, uno de los mejores investigadores en este campo, fallecido lamentablemente hace unos meses a una edad temprana. Forma parte asimismo de su última conferencia pública que dio en la FIL de Guadalajara en noviembre de 2012. Intentaré un resumen:

La conducción gubernamental abarca dos ámbitos de la política: a) en la institución, lo ilustra el diálogo: - ¿quieres dinero? - entonces haz lo que te digo y demuéstramelo en los números -; b) en el personal académico, - ¿qué nivel SNI eres? - supérate compitiendo por recursos, posiciones y prestigio. En lugar de auto-análisis y reflexión, se promueve la competencia por producir, por ser eficiente, lograr méritos, acumular puntos. Todo ello en vez de destilar nuestras virtudes, induce a prácticas académicas indebidas. La competencia entre instituciones por recursos extraordinarios, también exacerba las malas prácticas y la simulación institucional. El sistema plantea reglas en las que cree a tal punto que por obtener el porcentaje prometido, pareciera no importarle que la institución o el académico, hagan trampa. Lo están pidiendo disimuladamente, metafóricamente, cuando se le dice al académico: - publique, haga lo necesario por publicar - o - cumpla con la eficiencia terminal si quiere su registro -. La presión por la certificación, definido en criterios e indicadores, protocolos que son reglas de juego que orientan comportamientos que se toleran porque son garantía para el logro de propósitos y cumplir con los estándares impuestos. Esto produce una especie de esquizofrenia institucional. Por un lado el dispositivo de ordenamiento institucional y por el otro el dispositivo de profesionalización académica, todo en el marco del cumplimiento de requisitos. ¿Dónde queda la libertad? ¿Qué nos espera en este escenario donde papá gobierno obliga a sus instituciones niñas a hacer planeación normativa? Las instrucciones siguen la premisa: es mejor tener un plan institucional de desarrollo (PID), que no tenerlo. Así se mantiene la cultura de los documentos empastados, disfrazados de racionalidad técnica. El ejercicio en sí no es inútil, el problema es que está mal hecho. ¿Quién se ocupa de esta tarea? Las oficinas de planeación que se ubican en el espacio anexo al de los rectores. No existen mecanismos ni instancias intermedias que permitan que el plan se alimente con proyectos desde la base. Se da por hecho que no hay capacidad de proyecto, y si la hay, el mapa político excluye a muchos grupos activos, porque son políticamente incorrectos. Es más práctico y seguro que el proyecto se elabore por las autoridades con la ayuda de "expertos", o "asesores" cuya característica como ya vimos, es la incondicionalidad. No hay debate, no hay tensiones, más que el de cumplir con los plazos impuestos, dentro de un concepto de tiempo meramente político, nada compatible con la lentitud propia de la educación y de sus instituciones. Lentitud que es además la que la mente requiere en su propio desarrollo, donde el diálogo con uno mismo, en la reflexión requiere quietud y silencio. El resultado que se obtiene del proceso compulsivo en el que las instituciones viven, sin tener tiempo para si mismas, no sirve por muchas razones. Una consecuencia lógica es que a falta de proyectos reales, hay carencia de responsables con nombre y apellido. El responsable termina siendo el rector y los suyos, quienes al cumplir con las instrucciones del machote a llenar, sienten que están haciendo las cosas bien. Para que el resultado se vea mejor, se utiliza un lenguaje cuantitativo, con gráficos visualmente atractivos, como condición necesaria, pero insuficiente, como punto de entrada, pero no de salida. El dato no se puede eliminar. Hay una cultura de indicadores rigurosos, pero es insuficiente, el dilema es: - ¿Qué es lo que debería medir? y una vez definido eso: ¿cómo lo hago?

La respuesta a esta pregunta es consecuencia del proyecto que se pretende lograr, y que llevó al directivo al puesto en que se encuentra. No es seguir un manual, sino seguir ese proyecto conformado por metas que se quieren lograr por medio de la acción política. El proyecto puede reducirse a una idea expresada en pocas frases, no es un tratado, ni un paquete de planos como los que el arquitecto produce para construir una casa. Es la síntesis de valores e ideales susceptible de ser expresada en un croquis, en un esbozo organizador de las voluntades que confluyen o que el proyecto incluye. Es una idea que se estructura en organigramas visuales, en marcos de referencia, en neuronas espejo expresadas en lenguajes o códigos legibles. Es también la consecuencia de pertenecer a algo, una red, un partido, una corriente de pensamiento. El proyecto es una idea que responde a determinada problemática, que contiene y organiza voluntades, establece y formaliza conversaciones en curso, consolida la interacción con otros, incluso con los que se resisten o están en contra, o con los no-representados, los silenciados. Esto explica porque planificar es una actividad al servicio del arte de gobernar. Dirigir, implica contar con la respuesta de los diferentes actores y variables que forman parte del proyecto. Para ello es importante el contenido propositivo del proyecto, porque la respuesta es a algo, no simplemente al subsecretario, sino a lo que pensamos que la sociedad espera que hagamos. Si ese algo es viable, es manejable, la respuesta será mayor que si es inalcanzable, ambiciosa o retórica. El directivo tiene control, administra, dirige, según esta capacidad de dirección que depende de la capacidad de gobierno. La planeación es la "técnica de la política".

Entonces podemos visualizar mejor que las universidades actuales funcionan en una mecánica depredadora. Consumen pero no dan nada o poco a cambio. Todo se queda adentro. De nada sirve el estudiante que no se gradúa, o que se gradúa mal, sin lograr niveles básicos aceptables. La universidad debe de ser gobernada por los académicos y guiada por sus proyectos. Los funcionarios deben servir de coordinadores y gestores de toda esta fuerza que reside en los cuerpos académicos. Deben fortalecer el trabajo colegiado de base, mismo que pasa por el fortalecimiento de la planta académica y su mutación mental. El plan consiste en fortalecerse en el conocimiento, y lograr un cambio en su plan de vida a partir de su siguiente etapa, que puede ser el siguiente semestre, el nuevo año. Hoy las universidades están de cabeza, entra dinero que se distribuye y se consume con la óptica y la finalidad de la persona que lo consume. La lógica esta volteada. Deben existir planes y proyectos, no producto de un formato a ser llenado siguiendo instrucciones venidas de fuera, sino para cumplir objetivos que forman parte del proyecto institucional. El dinero entra para alimentar esta dinámica, al servicio de la planeación, cuyos indicadores deben transformar a la burocracia. Trámites ágiles, mecanismos fluidos, destrucción de los mitos administrativos, de los cuellos de botellas creados por los que abren y cierran exclusas, pasos y procedimientos. Los rectores deben ser gestores de recursos legítimos, estar preocupados por reunir fondos, en función de un proyecto institucional, directivo, que está lejos del "plan institucional de desarrollo - el PID", que se queda en la retórica, que se muere en el discurso empastado y coloreado por el encuadernador y el diseñador gráfico. Requerimos infraestructura de información que no tenemos, urge la transformación de los sistemas de gestión de información. Para eso es necesario que las universidades ejerzan una potente auto-crítica, se auto analicen y curen sus neurosis. Sólo desde la salud mental se puede aspirar a que sus procesos den como resultado la capacidad productiva que la sociedad espera de ellas. Mientras no se despierte esta conciencia es difícil aspirar a que algún día en la universidad deje de haber depredadores. Por eso es necesario cambiar de perspectiva y tratar de ver a nuestras instituciones con optimismo. Uno no va al psicoanálisis si no reconoce que es necesario ir y si no tiene esperanza en ir para vivir una vida mejor, para aprender a pensar bien.

Dentro de este panorama el papel del investigador es mostrar y demostrar a nuestros funcionarios la importancia de un buen gobierno, el inminente cúmulo de transformaciones que esta época nos trae. Es paradójico, pero creo que el cambio sobrevendrá cuando las generaciones ya grandes terminemos de dejarle el paso a las nuevas generaciones. Existe mucho avance en el mundo, vivimos en una época de transformación que nos permite presagiar estos cambios como inminentes. Me gustaría verlo desde una mecedora, ver a mis alumnos haciendo su trabajo, disfrutar del producto de las semillas esparcidas. A este sentimiento yo le llamo, mi optimismo.

...

Para terminar, cambiando de tono.

En nuestras pláticas con Eduardo Ibarra Colado, era común que cambiáramos de tono. No nos gustaba quedarnos en el análisis que se nos hacía lúcido, pero altamente académico. Sabíamos que sin literatura, sin poesía, sin fantasía e imaginación, la realidad nos podía hundir. A partir de cierto momento, 2006, si no me equivoco, decidimos ser optimistas, y ver la realidad con mejores ojos. Lo hicimos por salud mental, frente a una realidad destructiva. Imaginamos a la nueva universidad y escribimos un libro titulado "La Universidad Imaginada". La imaginábamos establecida en lo que por fin irrumpió como una nueva epistemología. No hubiera sido posible concebir una universidad así sin que se hubiera afectado antes el sentido y el significado de lo que significa construir conocimiento. Fue necesario apropiarnos de la realidad de una nueva manera, aquella que deriva de las buenas ideas, en el marco de la creatividad propia del buen vivir, que obliga a haber desarrollado un pensamiento propio, y que retoma aquellas iniciativas que se perdían en los diferentes niveles de la intervención académica. La nueva epistemología dio pie a un proyecto colectivo, es decir, algo nacido del producto de la discusión y el debate que busca y construye consenso, utilizando los lenguajes locales, regionales, más específicos. Una nueva universidad surge de la filosofía como camino que nos mueve para superar las contradicciones y confusiones que nos inmovilizaban. No nos negamos a detenernos ni a seguir en movimiento, pero si queremos abandonar una concepción de la universidad, es decir, de la vida que nos aprisionaba. En esta mediación filosófica, hermenéutica, invitamos a otros estudiosos y pensadores, para que nos acompañen con sus propias propuestas, para que nos ayuden con sus ideas. El camino principal por el que hemos ido discurriendo, en torno a la nueva universidad, es el del lenguaje. Desde su papel preponderante, el lenguaje nos invita-obliga a superar los peligros del etnocentrismo (estar atrapados en una manera de abordar lo otro desde lo que nos han hecho ser o dicho que somos) y del exotismo (el reconocimiento de nuestras propias raíces que forman parte tradiciones culturales que vemos como exógenas). Es un camino complejo porque estaremos tocando y cuestionando la herencia greco-latina en conflicto con la herencia prehispánica. Esto nos lleva a cuestionar conceptos y sentidos, en una invitación a caminar juntos por este sendero.

Por fin, el tiempo y nuestra condición indígena.

Leamos este libro, conozcamos la trayectoria de una nueva universidad, enclavada en un sitio privilegiado, con habitantes inteligentes y sensibles, y fortalezcamos nuestra visión imaginando los cambios por venir hacia una nueva universidad, como hija de una concepción del tiempo que no es nueva, pero que no es europea, que es nuestra, hundida en las raíces de nuestros ancestros. El tiempo, como lo expresaban los europeos, está concebido en una forma unitaria y general. Se habla del momento-ocasión, de la estación climática, que por su variación mide la vida de las cosas, induce actividades y sirve como marco para el ritual, anclado en un significado cualitativo y circunstancial. Entre nosotros, me refiero a los indígenas prehispánicos que aun viven en cada uno de nosotros, no importa si nacimos en Buenos Aires, como es mi caso, pero si vivimos en México, dejamos de no-ser indígenas y nace en nosotros como si fuéramos injertos, el ser prehispánico. En este México antiguo, se habla de duración, en referencia a la alteración de montos, de medidas. Es hasta que irrumpe entre nosotros el pensamiento occidental, que traducimos tiempo como entre-momentos. Hasta ese momento pensábamos en la variación climática que genera estaciones, y en las duraciones que fluyen de este ritmo propio de la naturaleza, pero nunca aislando el concepto tiempo como algo abstracto. El tiempo tampoco jugaba en el mundo prehispánico un papel explicativo. No se le atribuían culpas al tiempo, ni capacidades de la manera en que solemos hacerlo nosotros ("el tiempo todo lo cura", "se hizo tarde", etc.). Sin embargo, el mundo plural de los indígenas, los mayas como otras culturas mesoamericanas, conocían perfectamente bien la astrología, calculaban perfectamente los momentos del día, los años, las eras, los ritmos cósmicos, y fueron particularmente rigurosos en la elaboración de sus calendarios. Nuestros pueblos ancestrales mexicanos, pusieron toda su atención en la historia, en el conocimiento de su propio país, dedicando extremo cuidado a las cronologías, las dinastías, etc. Se puede afirmar que tenían un concepto "implícito" del cambio. Sin embargo, no desarrollaron un concepto del tiempo como el europeo, aunque su pensamiento sea alto en abstracción. ¿Por qué ocurrió esto así y no de otra manera?

La respuesta es importante para los que estamos preocupados por concebir la planeación educativa dentro de una epistemología, que apoyada en la hermenéutica analógica, logre mediar entre los polos que continúan formando los neo-positivismos, y los neo-postmodernismos. Mientras que el pensamiento griego tuvo que expandirse eminentemente entre preconcepciones singulares, los pueblos mesoamericanos, pudieron dispensarlas. Grecia nos heredó un sentido de razón científica, que nos llevó a concebir el tiempo de acuerdo a sus preconcepciones de la física (Aristóteles Física IV) en la que su abordaje a la naturaleza (physis) como un cuerpo en movimiento, obligó a la intervención del tiempo para dar cuenta del desplazamiento de un cuerpo del punto A al punto B, salida y llegada, y enumerar este movimiento de acuerdo a un antes y un después.

Nosotros, por decir, el mundo prehispánico, en cambio, no abordó a la naturaleza en términos de un cuerpo en movimiento, sino como factores en correlación (como el yin-yang de la China) de cuya polaridad surgen brotes y derivados. Tampoco se pensó en lo eterno, como algo que es siempre idéntico a sí mismo, sino como en lo que no tiene fin, lo inexhaustible, permitiendo renovación en lugar de repetición. Las lenguas europeas se conjugan dividiendo morfológicamente el tiempo entre pasado, presente y futuro. Eso nos lleva a concebir el tiempo como un pasaje de un tiempo a otro. El paso del futuro a través del presente hacia el pasado, dice San Agustín, "el lugar donde uno esta", o "donde Dios esta", se reserva a la eternidad. Mientras que el lenguaje prehispánico, no se conjuga, posee posibles marcas del pasado y el próximo futuro, pero no distingue tiempos específicos conjugando, su representación básica tiene dos términos, en vez de tres, (es polar) que se traducen: irse - pasado/presente, venir. El pasado es siempre irse, el presente es siempre, venir, llegar. Es un retorno a la transición.

Esta y otras diferencias, son materia que debemos recuperar. Si aspiramos a realizar una planeación que surja de nuestra cultura, debemos de revisar nuestras concepciones con que medimos la vida. La educación es para la vida, y la concepción de nuevas instituciones, de cambios radicales en nuestras instituciones, no puede surgir de reformas y modificaciones a lo que es ajeno y está mal. Para hacer las cosas bien, tenemos que sumirnos en nuestro pasado, regresar al presente renovados, con la identidad reafirmada en nuestras raíces, y ver al futuro desde ese punto, fortalecidos y mentalmente sanos, en el equilibrio propio de un ser humano, en cuya historia participaron muchos abuelos, que no queremos ni olvidar ni cubrir. Al contrario, la fuerza de la esperanza que nos otorga optimismo y nos regresa el sentido del humor y la alegría de la vida, consiste en reconocer quiénes somos, en los que fuimos, y en los que seguiremos naciendo.

*Luis Porter*

# INTRODUCCIÓN

En el panorama actual de la educación superior las políticas emanadas desde el centro continúan guiadas por el modelo neoliberal, que pretende modificar substancialmente tanto sus funciones como su misión. Puede afirmarse que estas políticas se han exacerbado, penetrando en las conductas tanto institucionales como de cada uno de los actores que participan en ella. Los programas federales y regionales, los requisitos impuestos para la asignación de recursos, afectan a las universidades públicas (UP) de tal manera que se podría decir que muchos de ellos (funcionarios y planta académica) han asumido de manera irreflexiva y acrítica esta serie de prácticas impuestas por los organismos educativos federales, que siguen las directrices dadas por organismos y agencias internacionales con fuerte injerencia en la educación en general, y la superior, en particular.

La universidad es una institución que requiere tiempo en sus procesos de cambio, por los que estos no se viven como si se tratara de un organismo que se transforma en su totalidad, al contrario, lo característico de estas instituciones son sus resistencias, adaptaciones, contrapropuestas y negociaciones, (Porter, 2003, Ibarra 2005, 2006) que otorgan a estos procesos características únicas y particulares para cada caso. Estas aparentes contradicciones, en un panorama complejo y de difícil lectura, son las que sirven de origen y causa al presente trabajo, pues son las que nos han llevado a plantearnos si estos cambios inauguran una nueva universidad o la dirigen hacia un rumbo que no se desea, o si aún se es capaz de defender el proyecto original y llevar a cabo transformaciones con la misma fuerza e imaginación de aquella conciencia colectiva que permita hoy, como lo permitió hace 44 años, mantener el espíritu de compromiso con su entorno social, cultural y ecológico, es decir, conservar un "sentido propio".

Ideal y Realidad de la Reforma Universitaria presenta las ideas, actitudes, experiencias e interpretaciones de los principales actores de la Universidad Autónoma de Nayarit, los docentes frente a estos cambios, que toman la forma de una "reforma institucional", para comprender de qué manera prevalece, o se ve alterada, la esencia del ethos universitario, marco desde el que se trata de explicar cómo una reforma esperada y anhelada por la comunidad nayarita es entendida, asumida, vivida y llevada al cabo.

"La reforma universitaria" es un movimiento que se origina por las políticas aplicadas desde el gobierno central, que no considera las necesidades sociales y educativas de la sociedad que habita la región y sobre todo, dejando de lado el contenido, dinámica y dirección del trabajo académico del conjunto de sus docentes. Más aún, en la instrumentación de la reforma tampoco se consideraron los principios fundamentales de la educación superior mexicana, (Artículo 3º Constitucional), que establecen un amplio espectro de posibilidades de ser retomados para otorgar de sentido a la educación superior como son: la tarea humanitaria de la educación, la democracia como forma de vida, el respeto a las ideas, la búsqueda del mejoramiento económico, social y cultural de la región y del país. De ahí que "si la Universidad sucumbe, la sociedad perderá el único bastión que pudiera, eventualmente por la vía educativa-formativa, cambiar la direccionalidad de un capitalismo materialista galopante que, ante todo, avasalla al propio ser humano" (Mureddu, 1995:45)

Para tratar de identificar los diferentes sentidos e interpretaciones que el proceso tuvo en la comunidad de la UAN, se revisaron sus rasgos fundamentales para determinar, por una parte, cómo y de qué manera algunos miembros claves conservan los principios de la educación superior, a saber: la formación democrática, la formación humanista, la búsqueda de la verdad, la investigación y la difusión de la cultura, y cómo se alejan de los principios: se pone énfasis en aspectos técnicos e instrumentales o en valores orientados hacia el mercado, privilegiando la capacitación en destrezas para resolver problemas específicos y dejando de lado la formación en valores y criterios que permiten enfrentar una gama más amplia de situaciones.

En suma, se realizó un análisis que estudia los resultados de la imposición de una idea de universidad desde las políticas federales e internacionales (visión macro) y cómo ésta es asumida por los docentes, adaptándose, resistiéndose, conservando o transformando, pero sin aparatarse del modelo original (visión micro).

Para la revisión de lo anterior se utilizan los enfoques cualitativo, descriptivo y analítico; se convierten en un estudio de caso por estar acotado a una sola instancia, la Universidad Autónoma de Nayarit y su proceso de reforma.

Se parte de una toma de posición personal, basada en un marco teórico compuesto por estudiosos de la Universidad Pública que han asumido una posición crítica-propositiva ante la situación actual y el marco que analiza cómo se produce un movimiento de reforma universitaria y cuáles son las principales características de dicho proceso. (Rodríguez, 2004 Gimeno, 2001; Tedesco, 2006, Fergusson, 2003; Porter, 2006; Ibarra 2005, 2006; Lanz, 2005; Latapí, 2005; Rama, 2006)

Los datos obtenidos señalan que el proceso de cambio no se realizó y, en consecuencia, su transformación tampoco. Se advierte una diferencia marcada entre lo que se hace y lo que se dice o expresa, de tal manera, que mientras algunos docentes defienden los valores inmanentes del proyecto original, que promueve el espíritu universitario, es decir, el *"sentido propio"*; de manera sosegada y tranquila, van introduciendo al mismo tiempo su impronta, su filosofía personal, tratando de darle a su práctica docente el sentido humanista, democrático y social de la universidad así como los valores que le dan vida; así también, encontramos a otros docentes que viven las contradicciones y las exigencias del nuevo modelo, aceptándolas sin conflictuarse, de una manera acrítica, que en lugar de prepararse para estos cambios caen en la simulación, en el aparentar, en el "sí señor", docentes que no les interesa el cambio. ¿Cómo enseñar la democracia cuando los docentes no la viven?; ¿Cómo vivir el humanismo cuando los docentes son tratados como ciudadanos de segunda categoría? ¿Cómo propiciar la búsqueda de la verdad, cuando lo que se busca es el utilitarismo, las "verdades en relación al dinero, al lucro," el trabajar lo menos posible?

Es de destacar que estas contradicciones se explican si entendemos que una reforma universitaria debe, en principio, ser planeada y ejecutada desde la base de su propia comunidad, es decir, desde las necesidades primarias, para luego contrastarla con las necesidades de la sociedad, de las políticas educativas y de los propósitos del sector gubernamental. Un proceso democrático llevado de esta manera da lugar a un diálogo abierto con la comunidad universitaria y sus actores principales, en donde en forma natural surgen diferentes posiciones, genera un debate para, posteriormente, con base en la construcción de consensos, estar en condiciones de llevar a cabo en conjunto una reforma genuina.

La necesidad de que el proceso sea auténticamente democrático, proviene de la premisa de que toda reforma sin el sentir de sus bases se convierte en una reforma impuesta, por decreto o por negociaciones que ocurren entre autoridades, sin lograr poner en marcha los procesos que llevan al cambio substantivo y termina por convertirse en el proyecto de unos cuantos, que no realiza los cambios necesarios a una transformación de fondo sino tan solo a una simulación.

Lo que ocurre en la UAN, ocurre en el resto de México y en América Latina, cada caso con sus particularidades, pues estas políticas, al provenir de fuentes que impulsan la globalización, llegan con el mismo discurso y las mismas herramientas a todas las instituciones, provocando una tensión entre las imposiciones externas y sus dinámicas, contra los proyectos y necesidades propios, lo anterior mantienen a las universidades en una constante crisis, no sólo en los aspectos de gestión, financiamiento, evaluación y currícula, sino en su propia concepción como instituciones con sentido propio. Todo esfuerzo de investigación y análisis realizado desde su seno por los protagonistas de estos procesos, (como es el caso de este trabajo y de su autora) puede servir de testimonio sobre lo que ocurre en la disputa actual entre dos modelos o tipos de universidad pública (UP): a) la que se ajusta a las necesidades del capital internacional y de las fuerzas globalizadoras y, de b) las que responden a las necesidades de su entorno regional inmediato, idiosincrasia, historia, ecología y sociedad que requieren de la profundización y el respeto al conocimiento local .

Finalmente, la UAN, a través de la reforma y de los cambios paulatinos y constantes que ocurren durante los ciclos por los que atraviesa toda institución viva y activa, debe buscar la consolidación institucional de los diferentes proyectos que constituyen el trabajo académico-institucional para asumir su responsabilidad desde la conciencia social y colectiva de sus actores, que siempre habrá que fomentar, promover y preservar. Sólo desde esta voluntad de cambio se puede crear o recrear el trabajo académico y la función social de la universidad dentro de un "sentido propio", es decir, que parta de lo que realmente es, y no de la que fuerzas externas pretenden llevarla a ser.

# LAS UNIVERSIDADES
# Y LA REFORMA

## Crisis y políticas universitarias

El presente trabajo revisa la forma en que una Universidad Pública (UP) mexicana ha afrontado las presiones externas para promover cambios en su modelo tanto organizacional como académico, muchas veces bajo el rótulo de "reforma universitaria". Frente a estos embates la UP se ve obligada, en función del subsidio al que estos cambios se atan, a tratar de cumplir con las exigencias impuestas por las políticas nacionales, de la que depende su subsistencia, y por otro lado, el de preservar sus valores fundamentales expresados en sus declaraciones de misión que forman parte del proyecto original de Universidad Pública. El estudio se limita a una sola UP, la de Nayarit, al considerar que en ella se dan las condiciones propicias para un estudio de caso, que puede servir para que los lectores de otras UP lo utilicen como referencia, hagan una comparación y encuentren las similitudes y diferencias.

Las políticas hacia la reforma institucional han sido patrocinadas, promovidas y también, cabe decir, exigidas por los organismos económicos multilaterales, como son el Banco Mundial (BM), Banco Interamericano de Desarrollo (BID), la Organización para la Cooperación y el Desarrollo Económico (OCDE), así como por la Organización de Naciones Unidas (ONU) y la Organización de las Naciones Unidas para la Educación, la Ciencia y la Cultura (UNESCO), por medio de las agencias locales del país que se subordinan fielmente a sus postulados; la Secretaría de Educación Pública (SEP), ANUIES (Asociación Nacional de Universidades), CONACYT (Consejo Nacional de Ciencia y Tecnología) y las emergentes instancias de evaluación y certificación que funcionan como herramientas operadoras de dichas políticas.

Estos organismos tratan de imponer a la educación, así como a la economía y la política en general, una dinámica de cambio que, amparada bajo la etiqueta general de "modernización", "globalización" y otros términos, se han vuelto lugares comunes, intentan situar a los países pobres o en vías de desarrollo a adaptarse a las exigencias de una determinada división del trabajo, dentro de la distribución de los procesos productivos internacionales, en donde dentro del modelo económico conocido como neoliberalismo, México juega un papel subalterno de simple maquilador. Lo anterior tiene un efecto profundo en el papel que debería jugar la UP y la educación superior en general, en un país en donde un porcentaje mínimo de su población se inserta en ellas, razón por la que estas políticas se han agudizado desde finales del siglo XX, tanto en México como en toda América Latina (Schwartzman, 2001).

Podemos distinguir actualmente dos crisis paralelas del modelo institucional de la UP: la que se asocia a los fines últimos de la universidad y la que corresponde a ser expresión resultante de los procesos de globalización, entendida como integración al mercado internacional propuesto por las políticas del gobierno desde hace décadas, pero agudizadas durante los últimos sexenios. Sumida en esta lucha entre dos modelos distintos, cada vez más sometida a las políticas imperantes que afectan su funcionamiento, los valores y conductas de sus actores, la Universidad tiende a quebrarse, a fracturarse, poniendo en riesgo el cumplimiento de su función última, que es la de servir a la persona humana y a su entorno social.

Si se analiza este problema en su contexto, es decir, desde la visión del mercado y de la crisis económica-financiera que se ha agudizado en las últimas décadas, se observa que el estado benefactor ha cambiado radicalmente. El Estado actual exige calidad, pertinencia, cuentas claras, pago de impuestos y la diversificación de sus fuentes de financiamiento, a la par de someter a las universidades a un proceso de planeación, evaluación y acreditación permanente como condición para otorgarles los cada vez más escasos recursos a los que tienen derecho.

Para aplicar y poner en marcha dichas políticas intervencionistas que atraviesan impunemente la autonomía universitaria, casi todos los países de América Latina crearon, a partir de la década de los 90, organismos de acreditación de los programas educativos. En México se fundaron la Comisión Nacional para la Evaluación de la Educación Superior (CONAEVA) y el Consejo para la Acreditación de la Educación Superior (COPAES), los Comités Interinstitucionales para la Evaluación de la Educación Superior (CIEES) integrados por pares académicos del más alto nivel de las instituciones de educación superior de todo el país y cuyo objetivos es evaluar las funciones y los programas académicos que se imparten en las instituciones educativas que lo solicitan y formular recomendaciones puntuales para su mejoramiento contenidas en los informes de evaluación; entre otros están: la Asociación Nacional de Facultades y Escuelas de Contaduría y Administración (ANFECA), Consejo de Acreditación de la Enseñanza de la Ingeniería (CACEI), Consejo de Acreditación de la Enseñanza en Contaduría y Administración (CACECA), Consejo Nacional de Educación de la Medicina Veterinaria y Zootecnia, A.C. (CONEVET). A partir del entorno descrito, la universidad pública se encuentra en una disyuntiva que no es sencilla de resolver. Por un lado, se ha esforzado en dar respuesta puntual a las exigencias de insertarse en los niveles de competitividad sugeridos por las políticas educativas, y por otro, no ha logrado contribuir a la solución de las diferentes problemáticas sociales que presenta su entorno, derivadas de una mayor demanda de educación superior de calidad.

Con el objetivo de dar solución a la masificación y calidad educativa, las universidades implementaron exámenes de ingreso con la idea clara de seleccionar a los mejores alumnos para tener así estudiantes mejor preparados, marginando a miles de estudiantes "que no cuentan con los conocimientos y cualidades pertinentes", según el Estado.

En este panorama, las Universidades Públicas en México se han visto impulsadas a iniciar procesos de reforma tendientes a elevar la funcionalidad y calidad de la educación, diversificar sus fuentes de financiamiento y, por último, a reorientar la relación entre las Instituciones de Educación Superior (IES) con el gobierno y con los sectores productivos y sociales, dando prioridad a los aspectos más técnicos de su reestructuración (departamentalización, creciente reglamentación y consecuente burocratización, crecimiento sin límites de la planta administrativa en detrimento de la académica, etc.), dejando de lado a la persona, es decir, al docente, al investigador, al académico, así como a los estudiantes, que son tratados como clientes consumidores, todos ellos restringidos en sus plazas y sitios de acceso, lo que ha congelado su crecimiento, así como los valores propios del humanismo y lo que tiene qué ver con el desarrollo de la condición humana.

La educación en general, y por supuesto la educación universitaria, es un factor en la formación de las nuevas generaciones para enfrentar las circunstancias de una economía regional y global en incierta evolución. Parece obvio que convendría optar por una educación amplia, inclusiva (compleja), que desarrolle la capacidad de reacción ante lo imprevisto, de creatividad y capacidad de respuesta, actitud crítica, y sensibilidad social, en lugar del simple "entrenamiento" que favorece la racionalidad instrumental y técnica, más cerca de las destrezas manuales que de las capacidades intelectuales. Por lo que el reto de la Universidad Pública actual es enorme. Debe mantenerse a la vanguardia educativa para enfrentar el futuro incierto y además fortalecer y defender sus principios filosóficos, los aspectos éticos que rigen su vida y que definen su misión: la búsqueda de la verdad, el respeto a la pluralidad, la formas serias y rigurosas de aproximarse al conocimiento. Al mismo tiempo, debe persuadir a la sociedad de su vigencia como modelo educativo, de su pertinencia y de su valor insustituible no sólo para transmitir sino para generar conocimientos, para proteger y difundir nuestra cultura, mantener nuestra identidad como nación, y en este caso, como Estado y región.

Dentro de este panorama general, los problemas que las nuevas generaciones y la comunidad académica de hoy deben de enfrentar, pueden esquematizarse de la siguiente manera:

a) Exclusión: cada vez más se polarizan las regiones y el interior de los países. Ya no sólo se habla de la brecha económica en la sociedad, sino también se habla de la brecha digital, y la que se abre alrededor del conocimiento (Tedesco-Porter 2006).

b) Inequidad social: los problemas relacionados con el acceso a la educación; a mediados de la primera década del siglo XXI existían 771 millones de personas analfabetas; de los cuales dos tercios son mujeres y la mayoría reside en Asia y África (Poy, 2006); de acuerdo a un informe de la UNESCO (2008), habitan en el mundo alrededor de 774 millones de jóvenes y adultos y, prácticamente, uno de cada cinco de ellos no han adquirido las competencias básicas de cálculo numérico, lectura y escritura requeridas para garantizar su plena participación en la sociedad .

c) Inequidad de género; aunque cada vez se incluye más a la mujer al entorno público y haya subido su porcentaje de acceso a las universidades, aún sigue siendo ultrajada, desvalorada y excluida de los principales procesos sociales y económicos.

e) Desequilibrio climático, calentamiento global y catástrofes ecológicas; problemas a nivel mundial que, en México, asumen su particularidad de extrema pobreza, como vemos día a día en la TV y los medios de comunicación.

f) Desequilibrio económico; los problemas de la pobreza son alarmantes, al principio del nuevo milenio existían 1,000 millones de personas que intentaban sobrevivir en su medio con menos de un dólar al día y 2,700 millones que lo hacían con dos dólares, (UNESCO, 2000e; López Segrera, 2004:241). En México a finales del siglo XX existían entre 32 y 40 millones de mexicanos que vivían en pobreza extrema (menos de dos dólares diarios). (Cason y Brooks, 2001) En la segunda decena del siglo XXI el número de pobres creció el 23% (51.9 millones de personas) (González, 2013).

g) Aumento de la población mundial; en el año 2005 la población mundial era de 6,500 millones, al 2013 son 7,130 millones y se proyecta a 9,000 millones en el año 2054 (López Segrera, 2006). Esta problemática ha traído y traerá aparejados otros problemas, como son: la salud, alimentación, educación, empleo, que se agregarán a los problemas de la migración.

## Universidad, reforma y tensiones

Hacer estudios acerca de los procesos de cambio que vive la Universidad Pública se torna difícil, pues las instituciones de educación superior (IES) están conformadas por una complicada red de interrelaciones y de aislamientos que la hacen diversa y singular y, a la vez, problemática y compleja. Los investigadores han calificado a las universidades como organizaciones atípicas, pues ellas adoptan estructuras laxas y operan bajo sistemas y procedimientos de gestión que no se ajustan a los criterios de eficiencia de las empresas que operan en el mercado (Ibarra, 2007). Se les califica como "anarquías organizadas (Cohen y March, 1974) o como "sistemas flojamente acoplados" (Weick, 1976), ya que es difícil identificar un tipo de organización en ellas, donde se produzcan relaciones fuertes entre sus niveles. Esta brecha produce una alta autonomía de acción entre sus miembros, por lo que las funciones universitarias mantienen articulaciones muy tenues con la estructura formal de la organización (Ibarra, 2007, Porter, 2003).

Cuando las universidades adquieren cierta unidad y estabilidad es en aquellos momentos en que sus actores comparten determinadas creencias y valores. Esta situación, no siempre existente en una institución, da lugar al concepto entendido y utilizado por Thompson (1980:232), bajo el nombre de "ideología organizacional". Se trata de un concepto básico para este trabajo donde lo entenderemos como "el grupo de creencias e ideas que constituyen la *racionalidad* de la institución". Cuando en una institución existen y se comparten estas creencias y valores, se conforma un instrumento de auto-identidad institucional. Un punto de partida claro de esta condición es la declaración de misión y de visión cuyos estatutos originales, conforman el amplio marco dentro del que el proyecto institucional define sus metas y derroteros. Cuando los actores principales de la Universidad tienen percepciones similares del medio en que actúan, de su pasado y de su futuro (también entendido como "clima organizacional") ello constituye una ideología institucional tácita pero que da cohesión al conjunto. Estas ideologías tienen peso sobre la toma de decisiones (Porter, 1988), en especial en momentos de reforma universitaria, en la medida que son útiles para construir consensos (March & Simon, 1958). Este tipo de ideología muestra estructuras contrastantes, sus contenidos difieren, es decir, no se muestran en total coherencia, sino que dejan los llamados "silencios estructurados" (o "autonomías relativas") (Imaz, 1995) que forman parte de la teoría liberal en relación a los imperativos del poder y de la clase social y su efecto sobre la experiencia escolar. Sobre esta percepción dominante, cuando existe, se distribuyen percepciones y valores que reflejan diversas racionalidades, cada una con su propia epistemología y método. En la literatura organizacional, este marco valorativo (o ideológico) combina diferentes funciones. En particular Thompson (1980:232) define la ideología organizacional de la siguiente manera:

> "un sistema de símbolos macrodimensionada que provee legitimación y justificación fundamental para hacer creer a sus componentes que se trata de un <u>orden establecido</u>. Por lo que provee una racionalidad (*rationale*) para determinadas formas de selección y exclusión" (Thompson, *op cit*, 232).

Es por lo anterior que estos valores y creencias son la base de la legitimidad que la institución adquiere. Por lo que hablar de la universidad debe hacerse siempre a partir de su contexto, su historia, sus normas, valores, fines e ideales y desde las percepciones, visiones e ideas de los involucrados en ella, de ahí a que existirán contrastes e interpretaciones que difieren entre sí, es decir no se encontrará en la universidad un panorama armónico, integrado, comprehensivo y coherente.

Considerando lo anterior la universidad tradicionalmente ha cumplido con tres funciones académicas esenciales: la enseñanza, la investigación y la extensión, con la finalidad de preparar al recurso humano para desempeñar distintas profesiones, a llevar a cabo investigación científica y humanística y crear vínculos sólidos con la sociedad que le da vida. En México, los objetivos de la universidad emanan del Artículo 3º de la Constitución Política de los Estados Unidos Mexicanos. El artículo que da vida a la educación en México establece lo siguiente:

> *"La educación impartida por el Estado tenderá a desarrollar armónicamente todas las facultades del ser humano y fomentará el amor a la Patria y la conciencia de la solidaridad internacional, en la independencia y en la justicia" y que las universidades y demás instituciones de educación superior realizarán sus fines de educar, investigar y difundir la cultura de acuerdo con los principios de este artículo.*

Sin embargo, en la actualidad el impulso acelerado de la industria y la tecnología en los países desarrollados, y la transnacionalización del capital ha cambiado el panorama económico y su mapa geopolítico, en donde a los países dependientes y atrasados en su proceso de industrialización, son consumidores y elaboradores de objetos para dicho consumo, mismos que se diseñan y se deciden fuera de sus fronteras.

El modelo de dependencia basado en la oferta de mano de obra barata y el desaliento hacia la innovación y creatividad propias, tiene un impacto poderoso en la comunidad nacional que replantea las funciones de la universidad, exigiendo de ella la formación de hombres y mujeres capaces de subordinarse llevando a cabo las innovaciones tecnológicas que se importan o trasladan de los centros internacionales, empujando al sistema de educación superior hacia un campo de entrenamiento de profesionistas eminentemente técnicos (Villalba, 2002).

Estas dinámicas tienen a su vez su propia problemática dentro de los países avanzados, donde la tensión entre la mercantilización del conocimiento y la libertad de investigación y docencia, se ven comprometidas por estos intereses. Lo anterior, ha propiciado que la gran mayoría de universidades en todo el mundo entren en procesos de reforma auspiciados por los organismos multilaterales, los cuales promueven una educación donde predomina una "racionalidad técnica", que sitúan a las artes y las humanidades en jerarquías inferiores donde predominan los valores de tipo comercial (producción, eficiencia y eficacia), sobre los de contenido social (equidad, justicia, democracia e inclusión).

La finalidad de este libro es comprender a la Universidad Autónoma de Nayarit, ante las presiones globales, internacionales, que se traducen en políticas muy concretas en el ámbito nacional.

El estudio gira en torno a que si la UAN acepta acríticamente las presiones o si las aprovecha para producir cambios necesarios y al hacerlo, precisar si mantiene, recupera o pierde los valores fundamentales de la educación. Estos valores están expresados en el proyecto original de la institución y son los que mantienen su carácter social y regional, que le dan vida, sentido y contenido a su misión-visión originales. A este modelo, se denomina "modelo académico" tradicional, que es el que resguarda los valores inmanentes propios del concepto original de UP. Mientras que al otro modelo, el que se induce por medio de las políticas actuales, (afianzándose desde la década de los ochenta) se designa como "modelo empresarial" de universidad. No se trata de dos polos opuestos que en "blanco y negro" permitan ver realmente qué sucede, sino una manera de acercarse al ambiente y los procesos de decisiones que son los que gestan los cambios que vive la Universidad y que fluctúan entre una y otra tendencia. Es importante remarcar y reconocer que en este trabajo, se está buscando la gama de grises, que se ubican entre el blanco y el negro de cada polo.

Estos extremos expresan la tensión creada entre las fuerzas de cambio que llevan a la mercantilización o "empresarialización" de la UP (Ibarra, 2003, 2005) y las fuerzas de resistencia que resguardan lo que en este libro se llama "el sentido propio". Este concepto lo entendemos como la preservación del proyecto original, no en el sentido de aferrarse al pasado, sino en el sentido de mantener y ampliar sus valores y objetivos como parte de su ubicación y pertenencia a determinado contexto, o región y como respuesta a las necesidades educativas específicas del Estado de Nayarit. Esta tensión refleja la disputa nacional, que no es otra cosa que un problema contemporáneo que se ha agudizado en los últimos sexenios y hoy resurge como punto nodal del futuro de la universidad.

Desde esta perspectiva se analiza el proceso que ha seguido la universidad, de tal modo que permita conocer cuál es su imagen a partir del discurso político organizativo y cuáles son sus hechos, para con ello tener elementos para contrastar y hacer una comparación de los principios fundamentales que sirven de base a la educación mexicana. Por lo que, por una parte, se hace un análisis macro, que permite revisar en perspectiva cuáles han sido las propuestas de cambio realizadas por el gobierno (políticas, metas, regulación) y un análisis micro, que permite entender cuáles han sido las acciones concretas realizadas como respuesta por la Universidad Autónoma de Nayarit.

El dilema en el que se quiere ahondar es el de la tensión que se expresa en una negociación explícita de las autoridades universitarias, hacia arriba por medio del Programa Integral de Fortalecimiento Institucional (PIFI), certificaciones, evaluaciones, y demás (lo macro), que ocurre con el gobierno y sus diferentes agencias y otra negociación, a veces menos explícita, silenciosa, hacia abajo, que se manifiesta en usos y costumbres, prácticas, prevalencia de proyectos de determinada composición estudiantil y vínculos con la sociedad (lo micro), que permite a la comunidad universitaria continuar su camino, preservando, en alguna medida, quizás precaria, quizás cada vez más amenazada, "su sentido propio".

Como ya se ha esbozado, las actuales políticas, programas y exigencias pretenden provocar cambios en los patrones de comportamiento de la comunidad universitaria tales como mayor productividad académica y mayor conciencia de planeación del currículo. Otros, que van desde la productividad en lo individual a la racionalidad del trabajo académico, exigible para la obtención de puntos en el programa al desempeño académico, hasta la tendencia de privatizar y hacer que la universidad pública funcione como una empresa privada. Lo anterior deja de lado y, pasa por encima, de cuestiones tan importantes en la formación de los profesionales, como los valores tradicionales de tenacidad, perseverancia, disciplina, sinceridad intelectual y búsqueda de la verdad. Siguiendo a Ander-Egg y Morin el *saber pensar* en la era planetaria está delineado en:

> "… pensar en el contexto de una rápida obsolescencia de los conocimientos, desde la incertidumbre y la perplejidad, aprender a pensar la complejidad, en términos sistémicos, el desarrollo de un pensamiento ecologizado, en la búsqueda de una ciencia con conciencia-". (Morin, 1981)

La universidad pública no sólo en México, sino en toda América Latina, se encuentra inmersa en una constante crisis, en los aspectos de gestión, financiamiento, evaluación y currículo, también en su propia concepción como institución con sentido propio.

Las actuales circunstancias nos introducen a un proceso de revisión constante de las prácticas no solamente docentes, sino institucionales en lo general, de las que surgen las siguientes preguntas:

1) ¿Cuáles son las evidencias que permiten distinguir los efectos de los cambios propuestos por el modelo empresarial frente a los

signos de permanencia y evolución que mantienen el modelo académico?

2) ¿Qué tendencias pueden identificarse entre los miembros de la comunidad de la UAN, en términos de acciones de resistencia con el fin de preservar ciertos valores y de acciones de adaptación hacia las nuevas reglas de juego? Y en el caso que ambas conductas ocurran intercaladamente, ¿qué rasgos asume la combinación de las mismas?

3) Si convenimos en que los docentes son los actores principales en estos procesos (aunque no los únicos), ¿Actúan ellos con conciencia de esta disputa entre modelos, o simplemente la perciben a medida que ocurre, planteando estrategias espontáneas de sobrevivencia bajo las reglas de juego cambiantes?

# LA UNIVERSIDAD Y LA REFORMA. LO IDEAL

## Introducción

La humanidad ha experimentado en los últimos 30 años profundas transformaciones que han afectado todos los ámbitos de la vida humana, tanto en lo individual como en lo colectivo, provocando que gran parte de los paradigmas que le servían de soporte ya no den respuesta a las problemáticas actuales. Entre otras múltiples esferas que han sido transformadas están: el acervo tradicional del conocimiento humano que se transforma y se acumula día a día a pasos agigantados, la modernización de los sistemas productivos, el papel del mercado, la dinámica del mercado laboral, el ordenamiento social, las relaciones internacionales, las comunicaciones, los sistemas educativos, las prácticas profesionales y los contenidos curriculares. Lo anterior obligó a que en México se iniciaran una serie de movimientos tendientes a transformar la educación, "reformas" que lo único que propiciaron fueron algunos cambios, y en el mejor de los casos propiciaron innovaciones, sin llegar a ser una reforma como tal.

La palabra reforma significa restaurar, arreglar, corregir, enmendar, modificar y se utiliza en el sentido de modificar alguna cosa con la intención de mejorarla (Larousse, 2005). Significa asimismo poner en práctica nuevas propuestas (ANUIES, 2002). En este sentido la reforma obliga a realizar un cambio estructural, modificaciones en el marco general de la enseñanza-aprendizaje, en sus metas y en su organización; de acuerdo con Tejeda (1998) la reforma alude a cambios estructurales en la línea de transformación global del sistema educativo para adaptarse a nuevos objetivos y estructura sociopolíticas, económicas y culturales.

Se entiende por reforma universitaria al conjunto de procesos, estrategias, actividades y acciones que los universitarios emprenden en la búsqueda planificada de la transformación institucional (Delgado, 2003) que les permita adecuarse a los nuevos escenarios que constituyen su entorno, desde lo local hasta lo global. Al realizar un estudio sobre los cambios que se han llevado a cabo en México respecto de las políticas educativas, lo que se concibe como reforma se puede analizar desde dos ópticas diferentes; por un lado, como una racionalidad que se somete a los dictados de la llamada globalización, los mercados, la competitividad, en suma, la empresarialización y mercantilización de la educación y, por otro lado, tratando de rescatar y preservar el sentido humanista de la educación como es la cooperación, la solidaridad, el sentido ético y la formación del sujeto como un ser humano que coexiste en una sociedad democrática, buscando la libertad y la justicia.

En esta dicotomía entre una racionalidad cuyas políticas o conductas en lugar de valores utiliza conceptos provenientes de la administración de empresas, como calidad, pertinencia, competitividad, y evaluación, -palabras ya gastadas en el discurso oficial- y otra racionalidad quizá utópica que supone la formación de un sujeto libre, crítico y ético, que promueven los teóricos humanistas de la educación, se analizan los procesos de reforma que se han producido en México.

## Las reformas universitarias en México en el siglo XX y XXI

Durante el siglo XX y la primera decena del XXI se registran tres reformas en la educación superior en América Latina (IESALC, 2003). Cada una de ellas surge o es creada con el objetivo de dar respuestas a las necesidades sentidas de la sociedad latinoamericana. La Reforma de Córdoba, (Argentina) de 1918, dotó a la universidad de autonomía y cogobierno, hecho conocido como la primera gran reforma de la educación superior, y coadyuvó a la democratización en el ingreso a la educación de los nuevos contingentes urbanos, los cuales gracias a ella accedieron a una significativa movilidad social. Esta reforma que tuvo vigencia casi durante 70 años, permitió que la universidad fuera pública, gratuita, laica, cogobernada y autónoma. Sin embargo, el modelo entró en crisis en la década de los setenta, cuando un nuevo y radical movimiento estudiantil latinoamericano, mostró a la sociedad y al gobierno, que la universidad ya no daba respuesta a las necesidades de cambio en los escenarios político y económico, ni a las nuevas demandas sociales, iniciándose con ello la segunda reforma llamada de mercantilización y diferenciación (Rama, 2006).

Este movimiento exigía la inviolabilidad de los recintos universitarios, así como más y mayores niveles de autonomía y de cogobierno, la exigencia de mayores presupuestos, y la demanda de cambios curriculares, gerenciales y organizativos en estas. Asimismo presionó al gobierno para ampliar la cobertura de la educación superior, debido a la creciente masa de jóvenes que egresaban del bachillerato y requerían de educación superior.

La segunda Reforma se vio envuelta en un contexto caracterizado por crisis fiscales, de balanzas de pago, e incapacidad del gobierno para mantener los niveles de financiamiento requeridos por la educación superior que demandaba la sociedad, aunado a crisis sociales en casi toda América Latina (A.L.) derivadas del apoderamiento por parte de los militares en la mayoría de los gobiernos en los países del sur del continente y México, en tanto sufría un gobierno unipartidista obsoleto.

México inicia los años setenta con muy pocas reglas y una limitada capacidad estatal para resolver los problemas universitarios. Sin embargo, existía claridad en que el sistema educativo tenía que crecer de tal manera que el acceso a las universidades por parte de las masas sociales quedara resuelto; lo que conllevó a que las universidades necesitaran maestros de tiempo completo, nuevas aulas y mejores sistemas de organización; en tanto el gobierno federal debía ser el ente organizador central del sistema bajo la premisa de que la educación superior debería seguir siendo pública, laica y gratuita.

Como respuesta a ello el gobierno federal incrementó los subsidios con la finalidad de incrementar la matrícula en la educación superior, creando además varias universidades en los estados que carecían de estas, para evitar la concentración de la oferta educativa en la ciudad de México. De esta manera surgió la Universidad Autónoma de Nayarit en el año de 1969, en una época sensible por la crisis derivada del año 68 que obliga a que el gobierno se abstenga de formular nuevas políticas educativas. Por lo tanto su participación concluyó con la ampliación del financiamiento a las universidades. La creación de estos nuevos recintos, el crecimiento exponencial de la matrícula, el crecimiento anárquico de la burocracia, y la improvisación de docentes, provocó una serie de problemáticas que aun no se han resuelto en forma satisfactoria, ya que derivaron en el otorgamiento de poder absoluto a los rectores y a la masa estudiantil.

La UAN inicia la década de los ochenta inmersa en la problemática anterior y agudizada por la crisis financiera de 1982, vivió, por lo tanto, una súbita reducción en el subsidio público para la educación, que mermó notablemente su capacidad para atender la siempre creciente demanda de matrícula. Así pues, la universidad en los ochenta se encuentra con un gobierno ocupado en resolver la precaria situación económica del país heredada del monopólico sistema político mexicano. Estas crisis se vieron, a su vez, reflejadas puntualmente en la economía del sistema educativo nacional, dejando asimismo de lado asuntos fundamentales de la educación superior como son: la autonomía, reformas, pertinencia, formación y actualización docente, entre otros, ocasionando que las universidades y sus gobiernos no tuvieran ningún instrumento para promover la solución de su problemática.

Las universidades utilizaron el escudo de la autonomía para mermar cualquier intento de intromisión que hubiera por parte del gobierno. La universidad a partir de esta coyuntura deja de regirse por las políticas federales, y por las exigencias del mercado, guiándose solamente por las dinámicas internas, que al final de cuentas, sólo produjeron el estancamiento universitario. En este contexto y a partir de la crisis del año 82, el gobierno ejecuta tres acciones tendientes a modificar esta situación:

i) En 1984 se crea el Sistema Nacional de Investigadores (SNI). Este hecho tuvo dos implicaciones, por un lado retuvo a científicos reconocidos y por otro se inició en México la era de la evaluación, la era de la medición de la productividad académica.

ii) Como política de financiamiento, en 1985 se deja de utilizar la matrícula como fórmula de asignación presupuestal para las universidades.

iii) En 1986 se introducen controles sobre el número de docentes y sus salarios. El gobierno solo pagaría a aquellos docentes contratados con su autorización y empieza a someter los salarios académicos a pactos nacionales acordados con sindicatos universitarios controlados por el gobierno.

Esta serie de medidas basadas en consideraciones económicas más que en criterios educativos cambiaron sustancialmente las reglas del juego.

En este momento histórico, documentos gubernamentales y debates públicos identificaron los siguientes temas como cruciales para la educación superior en México (Gago, 1989; Salinas, 1989; Fuentes, 1989):

- Poca claridad en los criterios de asignación de recursos.
- Sistemas de información inadecuados entre instituciones y gobierno.
- La ausencia de sistemas de rendición de cuentas.
- La inexistencia de criterios claros para la aprobación de nuevos programas.

- Ausencia de evaluación para la mejora de los programas educativos.
- Conflicto recurrente en las universidades públicas sobre la designación de rectores y sobre la asignación de subsidios.
- Muy pocas universidades públicas recibían recursos complementarios de sus subsidios por parte de los gobiernos estatales.

Independientemente de los cambios y medidas tomadas, queda clara la incapacidad del gobierno mexicano para articular objetivos y políticas educativas coherentes dirigidas hacia la educación superior; esto propiciado por la incapacidad económica para ir más allá de la disputa sobre la legitimidad de sus decisiones. De esta manera la universidad pública mexicana, experimentó diversas tensiones sociales y políticas generadas por las restricciones financieras, y a su vez emergieron nuevos problemas y actores con una cauda de intereses, conflictos y demandas por solucionar:

i) el sector productivo demanda cierto tipo de perfil humano para sus empresas, así como la generación de nuevos recursos tecnológicos,

ii) los estudiantes, en tanto que pretenden una formación y una acreditación que los posicione mejor en el mercado laboral,

iii) los investigadores hacen del desarrollo científico su profesión, lo cual los convierte en demandantes de condiciones favorables para la producción científica,

iv) los profesores por su parte requieren de mayor reconocimiento institucional y social para promover la función docente,

v) una sociedad que ya no soporta más las inequidades existentes y exige de la universidad respuestas a sus necesidades de educación y movilidad social.

Con esta problemática en puerta y a partir de que el gobierno federal desarrolló una serie de políticas educativas tendientes a la "modernización de la educación superior", en el año 1989 México inicia su "tercera Reforma Universitaria" que presenta cuatro ejes que abarcan la problemática general:

i) Alinear a la educación superior con los objetivos de la modernización económica y vocacional.

ii) Profesionalizar la docencia. La expansión no regulada de la matrícula en las universidades públicas durante los setenta y principios de los ochenta, llevó a la improvisación de la profesión académica, a la impartición de una educación con bajos estándares de calidad, e ineficiente administración institucional (Kent, 1993).

iii) Diversificar la oferta educativa. El gobierno federal habiendo fallado en su intento de regular y establecer reglas básicas para la educación superior pública, otorga facilidades al sector privado para incursionar en la impartición de educación superior, pues considera que esta estrategia puede ser una buena respuesta al fracaso del sector público para financiar las necesidades crecientes de educación del sector social.

iv) La baja calidad, la falta de relevancia o pertinencia de los programas educativos, la insuficiencia de los subsidios, y el no liderazgo académico que llegaba a un punto crítico.

En este escenario hay dos hechos importantes que marcan las pautas que seguiría el gobierno federal. La primera se deriva del informe Coombs – informe que solicita el gobierno mexicano al Consejo Internacional para el Desarrollo Educativo (ICED) coordinado por Philip Coombs- el cual aconseja diversificar el sistema para cubrir la demanda de educación superior de nuestro país y, al mismo tiempo, sugiere evitar que las universidades públicas sigan creciendo, y la segunda es la evaluación que realizó la OCDE en el año de 1996, que en contraparte sí recomienda el incremento del acceso a la educación superior, la incorporación de la educación técnica al nivel superior, la diversificación de la educación técnica, y el incremento de la pertinencia de los programas de educación superior, coincidiendo con el informe Coombs en la diversificación de las opciones educativas. En respuesta a estos dos informes y de acuerdo con un estudio realizado por *Alliance for internacional higher education* (AIHEPS) las acciones gubernamentales se realizaron en las siguientes áreas de la política educativa (de Vries, 2002):

- Diseño y coordinación del sistema educativo superior.
- Desarrollo organizacional y de los sistemas de información y planeación de la educación superior.
- Evaluación y control de la calidad educativa.
- Incremento de los subsidios, incentivos y salarios al sector universitario.

Respecto al primer punto, y con la finalidad de dar respuesta a la diversificación y demanda, el gobierno decide crear dos tipos de instituciones: las Universidades Tecnológicas y, posteriormente, las Universidades Politécnicas, solicitando además que éstas crearan nuevas opciones y distribuyeran su matrícula entre las nuevas áreas del conocimiento. Sin embargo, estas nuevas instituciones sólo ofrecen opciones técnicas con programas de tres años o nivel ISCED-5. En forma simultánea las políticas educativas en la década de los 90's en relación a la diversificación de la oferta educativa, impulsaron cambios en el tipo de instituciones, número de programas y niveles de estudio, alejándose de las profesiones "tradicionales" que han sido la parte más importante de la educación superior mexicana desde sus orígenes; cambios que de ninguna manera se pueden considerar como reformas sustantivas. A partir de estas modificaciones la educación superior privada empieza a proliferar en nuestro país al darle el gobierno federal facilidades para su instauración.

Para encuadrar las funciones de las nuevas exigencias se promovió el desarrollo organizacional y los sistemas de información y planeación; así también el gobierno federal, comprometió a los estados con su educación superior al activar la CONPES (Coordinación Nacional para la Planeación de la Educación Superior), los CORPES (Consejos Regionales para la Planeación de la Educación Superior) y los COEPES (Consejos Estatales para Planeación de la Educación Superior), con las siguientes encomiendas (Poder Ejecutivo Federal, 1989:124-125):

i) Crear directrices para solucionar los problemas más apremiantes de la educación superior estatal.

- Concertar políticas comunes de atención a la demanda de educación.
- Elaborar, divulgar y evaluar las políticas estatales sobre educación superior.
- Crear directrices que permitan responder a las exigencias del desarrollo científico, tecnológico y social de la región.

ii) Aprobar nuevas propuestas de programas académicos y modelos educativos solicitados por las universidades e institutos de educación superior.
iii) Generar acciones y proyectos coordinados dirigidos al desarrollo del sistema de educación superior del estado.
iv) Formar profesionales con una educación teórica y práctica flexible.

Estas directrices exigían mayor información sobre el desempeño de las instituciones de educación superior (IES) y la rendición de cuentas se convirtió en una obligación y una responsabilidad. Sin embargo, a finales de esa década las instituciones de educación superior habían crecido de tal forma que habían generado una anarquía insostenible, y en este sentido, las políticas educativas tenían como objetivo primordial controlar el crecimiento, la diversificación de la matrícula y la anarquía. Se les asignó gran parte de la responsabilidad a los gobiernos estatales. Esta transferencia de responsabilidades y servicios hacia los estados movilizó fuerzas locales e impulsó la creciente participación de los estados en la toma de decisiones y el diseño de nuevas políticas educativas. Pero, a pesar de la incorporación de nuevos actores (gobernadores, los congresos locales, consejos estatales de ciencia y tecnología, empresarios, organizaciones empresariales y sociales) la coordinación institucional siguió operando en forma centralizada y las políticas educativas fueron desarrolladas por funcionarios federales, las cuales posteriormente eran consensadas y negociadas con el grueso de rectores de la ANUIES, instancia que hoy día representa no solo a las universidades públicas sino también a las privadas, y que ha contribuido, en forma importante, en el desarrollo de un sólo discurso sobre la educación superior.

Los aspectos que fueron considerados relevantes en esta década fueron: la comunicación, la colaboración y la rendición de cuentas. Las universidades inician así el proceso de generación de información, pero sólo aquella que básicamente servía para la obtención de recursos, descuidando información vital sobre los actores universitarios: quienes eran, que necesidades de capacitación tenían y que anhelos.

El desarrollo organizacional y los sistemas de planeación y de información tuvieron un fuerte impacto, al grado de que al año 2001, 34 universidades públicas operaban ya el Programa de Desarrollo Institucional (PDI) (ANUIES, 2001). En este sentido y en el mismo año, de acuerdo al Programa Nacional para la Normalización Administrativa (PRONAD) – desarrollado por la SEP- 9 universidades realizaron reestructuraciones significativas y 12 reformaron su sistema de facultades, el cual deviene en los actuales departamentos. Asimismo 21 instalaron sistemas de control presupuestal, lo cual permite que anualmente sean auditadas por agencias externas.

La evaluación y al control de la calidad educativa, se realiza a través de varios organismos: En la Comisión Nacional para la Evaluación (CONAEVA) en 1989, Comités Interinstitucionales para la Evaluación de la Educación Superior (CIEES) 1991, Sistema Nacional de Investigación (SNI), y Consejo Nacional de Educación Tecnológica (COSNET), y en el año 2000 se creó el Consejo Nacional para la Acreditación de la Educación Superior, A.C. (COPAES). (Rodríguez, 2004).

La década de los 90's corresponde a las modificaciones del estado de bienestar a un estado evaluador reflejándose en las universidades este proceso a través de la creación de instituciones que regularon la actividad universitaria: las autoevaluaciones institucionales, la evaluación institucional y acreditación que supervisó la Federación de Instituciones Mexicanas Particulares de Educación Superior (FIMPES), Evaluación de Programas por los CIEES, Evaluación de Programas de Posgrados por CONACYT, evaluación y estímulos al desempeño docente, y la evaluación de estudiantes por CENEVAL (1993), y COPAES el cual fue instituido en el año 2000.

El proceso de evaluación al 2004 tuvo los siguientes resultados: i) COPAES había acreditado a 458 programas de licenciatura; ii) CIEES, habían evaluado 2,589 programas (licenciatura, especialidad, maestría y doctorado), de los cuales 957 eran considerados nivel uno, 1,115, nivel dos y 517 nivel tres (SESIC, 2005 b); iii) De 7,849 programas registrados sólo el 11% están acreditados ante la SEP, esto es, 864 programas educativos lograron pasar los procesos de evaluación y aumentar sus ingresos (SESIC, 2005d); iv) CENEVAL, principal organismo evaluador de ingreso y egreso de estudiantes del nivel superior, había evaluado alrededor de 12 millones de estudiantes de todos los niveles.

En contraparte, los subsidios, incentivos y salarios al sector universitario se vieron fuertemente limitados por el paradigma de la evaluación, ya que su otorgamiento está mediado por el desempeño de su calidad, productividad y por los resultados de las evaluaciones.

## Aciertos y desaciertos de la reforma

A más de diez años de iniciada la reforma universitaria en México y de acuerdo a la revisión teórica realizada se puede decir que la Universidad no se ha transformando en forma integral, al menos no como sus postulados lo requerían, pero sí ha sufrido un impacto tal, que la UP de hace 44 años, tiene poco o nada que ver con la UP de hoy. Sin duda alguna, es necesario cuestionar una reforma inducida por decreto desde el centro, toda vez que implica un ataque a la esencia y razón de ser de la universidad, es decir, propicia el debilitamiento de sus capacidades para producir los conocimientos necesarios que contribuyen al desarrollo de la sociedad, y que provoca la transformación radical de la identidad de sus académicos, al incorporarse al mercado de los puntos.

Las reformas implementadas sólo promovieron cambios en los aspectos referentes a cierta garantía de que los recursos del estado se canalizaran hacia donde estaban etiquetados. Sin embargo, estos nuevos postulados definitivamente no impactaron en la formación de los egresados y estudiantes. Las políticas en lugar de formularse como una decisión democrática, se enunciaron como decretos que llegan desde arriba, impuestos. La preocupación del gobierno no se ubica en el proceso de formación de políticas sino en su implantación, que se realiza en forma coercitiva a partir del otorgamiento del subsidio, que al ser vital para la institución, provoca todo tipo de simulaciones y complacencia ante los requisitos a cumplir.

Las respuestas que ofrece la reforma se derivan principalmente de las necesidades de la ampliación de la matrícula, y los resultados han sido claramente insuficientes, debido a que el otorgamiento de los subsidios atiende criterios diferentes a su crecimiento: calidad, pertinencia y productividad, lo que provoca que cientos de jóvenes nayaritas no tengan acceso universal a estudios superiores. Por último, los resultados académicos generales son escasos, especialmente en la realización de innovaciones.

La reforma permitió concretar que se estandarizaran los procedimientos de acreditación y se elaboraran planes estratégicos de desarrollo, con miras a modernizar a la educación. Estas acciones de ninguna manera modificaron las inercias existentes en la medida en que se trató de documentos, de discursos y consignas, que no responden a proyectos surgidos de la comunidad y no eran parte de la dinámica institucional. No obstante estas modificaciones (mayor capacidad de archivo, de seguimiento, de instauración de bases de datos, de medidas de control etc.), no responde a preguntas de mayor profundidad como: ¿hubo una mejora o permaneció estable la formación profesional?, ¿se enfrentaron con éxito los desafíos emergentes?, ¿cuál es el grado de preparación de los estudiantes? esto es: ¿cuál ha sido el impacto real de los profesionistas en el mercado de trabajo y en la sociedad, en general?

En conclusión, México, como la mayoría de los países latinoamericanos, ante la imposibilidad de solucionar la problemática de la crisis se cancela el proyecto de *estado benefactor* y se diseña una transición hacia el *estado evaluador* (Bruner, 1990, Neave, 1991, 1998). Los procesos de reformas en la gran mayoría de las universidades mexicanas fueron realizados con la finalidad de cumplir las demandas del estado evaluador. Sin embargo, los procesos en el ámbito educativo, por las sucesivas crisis económicas que modificaron los parámetros de referencia para promover la incorporación al mercado de trabajo a un volumen cada vez más creciente de egresados, no permitió que los planes de desarrollo pudieran cumplir con los mínimos necesarios para hacer funcionales los modelos de reforma implementados en las diversas instituciones del país.

En cuanto al acceso a la educación superior de la población estudiantil, el gobierno mexicano al considerar que las UP le resultaban onerosas e ineficientes, apostó a la creación de las universidades tecnológicas cuya racionalidad partía de las premisas: i) mejorar los indicadores que solicitaban los organismos financieros internacionales, ii) necesidad de satisfacer las exigencias de la globalización, iii) satisfacer las exigencias del sector empresarial en cuanto a la necesidad de mano de obra especializada y barata, así como la formación de obreros profesionales competentes, para resolver los problemas laborales del nuevo mercado; pero esta razón se volvió limitada a solucionar problemáticas de corto plazo y ante la movilidad tan rápida de las condiciones de producción, ni las condiciones de largo plazo fueron modificadas, creando un problema mayor de desocupación ilustrada.

Los cambios recientes han carecido de marcos locales esclarecedores o de análisis particulares que permiten entender los fundamentos (teóricos, epistemológicos y sociales) en función de las necesidades del medio y de la formación de los estudiantes (Glazman, 2005).

De esta manera, los procesos de reforma se acataron en cuanto a la letra de las instrucciones de los organismos multilaterales y las disposiciones de la SEP, esto es, se revisó la calidad, la competitividad, la pertinencia y la evaluación, pero no se determinó cuales debían ser los impactos de los esfuerzos de la reforma del sector universitario dentro de una sociedad democrática caracterizada por la complejidad y la globalización de sus relaciones; pero en la realidad los aspectos que mencionaban, la democracia, la educación integral, el desarrollo de un pensamiento crítico y la filosofía humanista aparece más como intención que como resultado. Si la reforma educativa es un proceso profundo que pone en movimiento aspectos estructurales de la vida social y cultural que comprometen el imaginario colectivo, la memoria histórica y la prospectiva (Puiggrós, 1998) la forma como se implementó en México, los cambios en la educación no han logrado tener ningún impacto.

Las innovaciones de las reformas en los últimos 30 años, han sido esfuerzos tendientes a alinear la educación superior a las tendencias económicas internacionales, más que a las necesidades económicas y sociales del país, perdiendo de vista aspectos tanto culturales, como axiológicos. Sin embargo, esta alineación es puramente teórica porque los resultados obtenidos son pobres, y sobre todo, descontextualizados de las necesidades reales que exige nuestra sociedad.

Se hace necesario repensar cuales son las transformaciones de fondo más que de forma, que requieren las circunstancias actuales. En este sentido se exige y no se debe soslayar la necesidad de ampliar y profundizar las formas de acceso a la sociedad del conocimiento y de sus nuevas formas de producción, pero sobre todo debemos trabajar para construir un futuro humano viable.

## El ideal. El humanismo y la democracia

Ante las políticas educativas globalizadoras dictadas a partir de posturas rigurosas y sobre todo con un desconocimiento de la diversidad cultural de la región, la universidad en su proceso de reforma, se transforma con una lógica de mercado, desplazando la actividad docente, la investigación y la difusión, por acciones productivas, olvidando aspectos fundamentales como el humanismo, de donde se desprende la formación democrática y los principios fundamentales de la educación que emanan del Artículo 3° Constitucional.

Así, un proyecto educativo no debe perder de vista el sentido humanista que éste tiene. No se debe olvidar que es la educación la que humaniza, que ello es lo que permite usar los conocimientos y habilidades a partir de principios éticos, que lleva implícito el problema de mantener vivo el conocimiento, de recrearlo y de evitar que se vuelva inerme. Es un elemento sustantivo para ejercer la libertad, es decir, la elección y la autodeterminación, por lo que debe ser un proceso para la vida y para el desarrollo. De acuerdo con Porter (2003) los seres humanos utilizan la educación para conocerse, para descifrarse, para entenderse mejor y para lograr identificarse con el entorno en el que se vive.

El paradigma humanista considera que la personalidad humana es una organización o totalidad en un continuo proceso de desarrollo, por lo que el hecho educativo debe centrarse en ayudar al estudiante para que decida lo que es y lo que quiere llegar a ser (Hernández, 1998). En esta situación, la educación debe perseguir el desarrollo pleno de todas las facultades del ser humano, desde la formación de valores, el desarrollo del juicio crítico, hasta la formación de actitudes en el estudiante, sin perder de vista que a la par se adquieren los conocimientos básicos de su formación científica o tecnológica.

La educación humanista pone en relieve que hay que considerar como fin del aprendizaje a la persona plenamente desarrollada (Maslow, 1988); tiene como objetivo la formación del hombre integral. Un hombre integral es aquel capaz de aprender, pensar y decidir por sí mismo; es un hombre culto. .... "El hombre sin cultura no vive a la altura de su tiempo, vive por debajo de lo que sería su auténtica vida, es decir, falsifica o estafa su propia vida, la desvive (Ortega, 1982, p. 46). La cultura es un menester imprescindible de toda vida; es una dimensión constitutiva de la existencia humana

La educación humanista tiende a desarrollar todas las capacidades, habilidades y destrezas de la persona. Su meta es lograr una conciencia social, que ayude a generar pensamiento para construir sociedades nuevas. Que los procesos de instrucción se unifiquen en la medida en que se centren en la producción de buenos hábitos de pensar, experimentar, imaginar y realizar, con una actitud que le permita someter sus opiniones, juicios, creencias y conocimientos a los distintos métodos de observación y experimentación, que de acuerdo con González Casanova (2001), se presenten en el campo de los hechos y de las luchas, en el trabajo y en las actividades diarias o en las actividades políticas y sociales.

Una educación democrática es incluyente, participativa y representativa, hace de ella y del conocimiento un eje de transformación productiva con equidad. En este sentido, la mayor o menor calidad educativa se plantea en relación con las técnicas, artes, conocimientos y prácticas morales y políticas que permiten aumentar la capacidad de aprender a aprender, a conocer y a actuar, aumentando el control de los individuos y las colectividades, para lograr sus objetivos de producción, construcción y lucha; además de pensar en la inclusión y acceso, hay que recuperar el sentido social de la universidad, más aún, pensar en un modelo pluriuniversitario que de acuerdo a Boaventura Sousa (2005:84) asuma la contextualización del conocimiento y la participaciones de ciudadanos y comunidades en tanto usuarios y coproductores del conocimiento, esto es, orientar la participación y contextualización de las relaciones entre universidad y el medio social; legitimar las decisiones tomadas en su ámbito.

Un sujeto en una educación democrática comprenderá no sólo las prácticas de la vida cotidiana y el trabajo común, sino su propia inserción en los sistemas históricos; luchará por la democracia y por la producción de bienes y servicios de primera necesidad frente a caciques, mafias y compañías que se opongan a su organización democrática.

La universidad, al verse atrapada ante estas nuevas exigencias, deja de lado la esencia misma del hecho educativo; se olvida que los ideales que encarna la educación superior son universales; es decir, rebasan los intereses privados y atañen a toda la humanidad. Independientemente del momento histórico, de la ideología y del currículum, la educación universitaria es humanística y democrática.

La génesis de la Universidad Autónoma de Nayarit, estuvo marcado por el compromiso con el pueblo. Por su tenaz participación para que se consolidara el proyecto de universidad, los nayaritas aportaron lo que pudieron para hacer realidad el sueño de la universidad –marcos de plata (caminos de platas en las plazuelas de los principales municipios), ladrillos, sacos de fríjol, pollos, gallinas, y cemento.- en fin, todo lo que pudieron. Los nayaritas participaron en ese proyecto, con entusiasmo, con la convicción que era una forma de poder crecer y desarrollarse; de ser y tener un mejor estado.

La Universidad de Nayarit (UNINAY) (como fue reconocida al principio) nace por voluntad colectiva del pueblo y para el pueblo, para los hijos de los ejidatarios, obreros, y de la ciudadanía en general; esto le da un sentido y un espíritu popular, de ahí que la UAN tenga ese sentido de pertenecer a la sociedad. Se funda en 1969 con el decreto 5162 y desde entonces han asistido estudiantes de todas las clases sociales y de ella egresan para ocupar espacios profesionales importantes en varios campos de la vida pública y privada en el estado.

La Universidad Autónoma de Nayarit, como institución pública se rige por el Artículo Tercero de la Constitución Política de los Estados Unidos Mexicanos el cual establece que:

> "la educación impartida por el estado, tenderá a desarrollar armónicamente todas las facultades del ser humano y fomentará en él, el amor a la patria y la conciencia de la solidaridad internacional, en la independencia y en la justicia. La educación será laica, basada en el resultado del progreso científico, democrática, nacionalista y contribuirá al mejoramiento de la convivencia humana" (UAN, 2002).

Estos son los valores con los que se rige la educación y la universidad y los cuales no se deben sustraer en ningún proceso de reforma.

## La UAN y los propósitos de la reforma universitaria

Para poder hacer una aproximación a la reforma universitaria en la UAN, es necesario determinar qué es y qué quiere llegar a ser la UAN. La UAN como universidad pública nace por la decidida participación colectiva del pueblo nayarita y de acuerdo con el Gobernador Gascón (1964-1969), propulsor de la universidad, "con el sello de pública y popular, en el sentido que le abriera las puertas a amplias capas de la población (Morales *et al*, 1999)". Con esta filosofía la UAN inicia su vida, permitiendo el acceso a hijos de pescadores, campesinos, obreros y mujeres; lo anterior cuando la universidad de los años 70's, a nivel nacional, sólo se daba espacio a los hijos de la burguesía (Fuentes, 1989). Desde el principio de su vida académica la matrícula fue paritaria entre hombres y mujeres, lo que la puso a la vanguardia nacional en cuestiones de incorporación de la mujer a la enseñanza superior.

La universidad surge con una estructura que imitaba a la universidad napoleónica dividida en escuelas, facultades e institutos con características de autarquía en las diferentes escuelas que la formaban, con una visión de conocimiento neopositivista y una estructura autoritaria (Ulloa Herrero, 1998, citado en Morales, *et al*, 1999). Los planes y programas de estudio fueron traídos de otras universidades y debido a la rápida masificación se tuvo que improvisar; se invitó a trabajar a profesionistas que jamás se habían acercado a la docencia y a maestros normalistas que nunca habían estudiado las asignaturas que impartían. Aunado a los problemas académicos, también se sumaron los de infraestructura, la falta de apoyo económico por parte del gobierno estatal y federal, las luchas de poder (huelgas, paros y manifestaciones) todo esto provocó tensiones durante sus primeros 20 años; estas tensiones se fueron encauzando y lograron a partir de la década de los 90's, un desarrollo sostenido. Desarrollo que permitió dar cuenta de cuáles eran las deficiencias y las fortalezas. Dentro de las deficiencias está la poca capacidad económica, su escaza relación con el sector productivo y la investigación, pocos profesionales dedicados a la docencia, una masificación del estudiantado, pocos programas de calidad, educación tradicional, conductista, y currícula rígidos y anacrónicos, etc., "se politizó la academia, se promovió el dogmatismo, el sectarismo y se olvidó la discusión académica" (UAN, 2002:3); dentro de las fortalezas, sin embargo, se puede decir que iniciaba un periodo de formación docente, debido a las exigencias y a la vez oportunidades de estudio que brindaba la SEP; algunos maestros universitarios empezaron a estudiar posgrados, además surgen las especialidades y maestrías. Hay una cierta tranquilidad política que permite consolidar algunos esfuerzos de cambio y, algo que es loable de mencionar, es que el paradigma de universidad sigue vigente, se sigue considerando a la UAN una universidad del pueblo y para el pueblo. "La autonomía universitaria es una conquista ciudadana que buscó y logró acercar a los jóvenes hijos de trabajadores a la educación superior" (UAN, 2002:3).

Con la elaboración del Programa de Desarrollo Institucional: Reto y compromiso (PDI) 1998-2004, se empezó a palpar la intención del cambio; es el primer esfuerzo serio de planeación que conllevaba la idea de un cambio; es el parteaguas de la reforma pues propicia una reflexión profunda sobre cuál sería el camino a seguir por la universidad; se habla de modernidad, multidisciplina, interdisciplina, investigación, flexibilidad, transparencia en el manejo de los recursos y de crear una nueva normatividad. Se formula la misión, la visión y una planeación a corto y mediano plazo. El PDI reafirma el objetivo de formar individuos con una perspectiva de desarrollo humano integral, con la investigación como eje articulador para la generación de conocimientos, el formar un profesional que se identifica y vincula con su entorno social, coadyuvando al desarrollo regional.

Si bien hubo una suerte de incapacidad para construir un modelo académico universitario, debe reconocerse que éste era un problema común en la mayoría de las universidades públicas del país, las cuales carecían -y algunas siguen careciendo- de modelo académico propio. La mayoría de ellas, incluida la UAN, siguen el modelo general oficial (retoman los lineamientos de la SEP y de la ANUIES). La UAN ha carecido de proyecto académico durante las casi cuatro décadas de su vida, es decir, le ha faltado rumbo institucional. Hasta principios del nuevo milenio, la UAN, estaba organizada por Facultades, donde se practicaba la enseñanza de carreras tradicionales, apoyada en un ejercicio docente con predominio de la cátedra, altamente enciclopédica y donde los académicos dedicaban su tiempo en mayor medida a esta función, con una escasa participación en la investigación y en las labores de vinculación y extensión universitarias. Entre el año 2000 y 2002 la UAN inicia la autoevaluación de los 25 programas de licenciatura, y se identificaron los siguientes campos problemáticos:

a) Un currículum rígido y desarticulado.
b) La enseñanza tradicional, mayoritariamente conductista.
c) Cátedras basadas fundamentalmente en la exposición, en la enseñanza memorística y en la fragmentación del conocimiento.

d) Muy poca o casi nula investigación en los diferentes campos del saber.
e) Una normatividad que no daba respuesta a los problemas actuales.
f) La infraestructura básica estaba destinada a la docencia.
g) Ausencia de espacios para el trabajo colegiado.
h) Una rigidez burocrática tanto en lo organizacional como en lo académico.
i) Poco impacto tanto por parte de los universitarios como de la institución misma en el desarrollo local y regional.
j) La incorporación de los avances de la ciencia y la tecnología lenta.
k) Una demanda educativa en aumento.
l) Exigencia de la sociedad por mayores espacios y diversidad en la demanda educativa.
m) En lo cultural, la universidad no asume su responsabilidad como promotora y difusora de los valores de la cultura regional y nacional (UAN, 2002:2)
n) Un desgaste creciente en sus órganos académicos, administrativos y de gobierno (UAN, 2002:2).

Estos eran los principales problemas que presentaba la universidad, mismos que exigían ser resueltos tanto por parte de la sociedad, como de las autoridades y los propios universitarios, nudos problemáticos que sirvieron de punta de partida para comenzar el proceso de reforma. En el año 2002 se aprueba el Documento Rector que da pie a todas las modificaciones de reforma y que pretende:

a) Elevar la calidad y pertinencia de los programas educativos del nivel superior y medio superior, con el fin de coadyuvar a una sociedad más y mejor educada.
b) Considerar la aparición de nuevos campos de conocimiento y de la tecnología, el uso global de la informática y telemática, las crisis de las profesiones tradicionales, aunado al surgimiento de nuevas profesiones con creciente demanda.

Para estos propósitos era necesario definir y construir un modelo educativo. Para ello el Documento Rector (UAN, 2002) formula un cambio curricular, administrativo y normativo que modifican las estructuras formales al:

a) Definir el nuevo papel que el docente tiene que desempeñar en su quehacer académico.
b) Transitar a un sistema flexible por créditos, multi, inter y transdisciplinario centrado en el estudiante.

c) Flexibilizar el currículo.
d) Fomentar la movilidad académica.
e) Cambiar los programas de estudio por competencias profesionales.
f) Desarrollar investigación.

Estos cambios sustanciales en los diversos ámbitos universitarios (académico, organizativo y administrativo) tienen como ejes que atraviesan y orientan la planificación y desarrollo de la reforma, los siguientes:

i) **La formación integral:** El proceso de desarrollo del sujeto que implica considerar todas sus dimensiones para potenciar sus aptitudes, destrezas, habilidades cognitivas, emocionales y creativas, así como sus valores y actitudes.

ii) **La flexibilidad:** esto implica que el estudiante dosifique y elija su carga académica; permite la movilidad docente y estudiantil así como: a) La movilidad interna, ínter y transdiciplinaria, b) flexibilizar el tiempo de duración de los estudios, c) estrechar la colaboración entre docente y discente mediante los sistemas de tutorías y atención personalizada a pequeños grupos de estudiantes, d) diversificar modalidades de egreso y titulación, e) lograr mayor equilibrio entre teoría y práctica en los programas de formación profesional, de generación y aplicación del conocimiento y de extensión y difusión de la cultura, f) transformar el proceso enseñanza-aprendizaje.

iii) **La reorganización del conocimiento:** imperativo ante las características del contexto actual, sus complejidades y los acelerados avances de la ciencia y la tecnología.

iv) **La pertinencia**: La existencia de congruencia entre las expectativas del contexto y la oferta institucional para contribuir a la solución de problemas del entorno (UNESCO, 1998. ANUIES, 1999).

v) **La evaluación y rendición de cuentas**: Proceso continuo, integral, permanente, participativo y sistemático, el cual permitirá identificar una problemática, analizarla y mediante información relevante, explicarla y valorarla para sustentar la toma de decisiones acerca de los avances y limitaciones del desarrollo académico-organizativo de la institución.

vi) **Gobierno y gestión institucional**: Conjunto de organismos, actores, relaciones, normas, procedimientos y recursos, que le permiten a la UP definir su visión estratégica, objetivos, metas, planificar los medios, los recursos necesarios así como tomar las decisiones requeridas para el logro de sus objetivos.

**vii) La articulación de funciones:** Transitar hacia la conformación de un sistema integrado y un nuevo modelo académico, lo que implica crear mecanismos eficientes de articulación entre niveles de formación y funciones sustantivas y administrativas, características de los programas.

Como en todas las universidades en proceso de reforma en México, la UAN diseñó el cambio de los programas de estudios por competencias profesionales que plantea la necesidad de que el estudiante adquiera, además de conocimientos disciplinares, una serie de valores, actitudes y habilidades que se traducen en habilidades genéricas y capacidades para el trabajo, entre las que se deben encontrar: a) autorregulación de su desarrollo de aprendizaje, b) habilidades de aprendizaje: aprender efectivamente y para ser conscientes de sus propias estrategias de aprendizaje, c) comunicación para expresar sus ideas y opiniones con confianza y claridad, verbalmente y por escrito en diferentes audiencias y propósitos, con un desarrollo personal en un campo íntegro y adaptado a las necesidades de trabajo y estudio, d) trabajo en equipo, e) solución de problemas, identificando sus principales características y desarrollando las estrategias más adecuadas para su solución.

Por su parte Anzaldo, *et al* (2002) en un documento de trabajo titulado *Nuevo Modelo Curricular* que de hecho sirve de base para la elaboración del Documento Rector, refrenda los principios por los que se rige la universidad tales como los de autonomía, democracia e igualdad, libertad académica y humanismo.

a) La autonomía es concebida como el equilibrio entre la facultad y la responsabilidad de autogobernarse, eligiendo con libertad los medios para el ejercicio de su responsabilidad de educar, investigar y difundir la producción intelectual de la sociedad.

b) Una educación democrática es aquella que se imparte a todos por igual; es abrir las instituciones educativas a todos los miembros de la sociedad y brinde una enseñanza que prepare la convivencia democrática. La democracia es concebida como un sistema de vida fundado en el constante mejoramiento económico, social y cultural del pueblo, por lo que la UAN debe de abrir sus puertas a toda persona, con estricto respeto al principio de igualdad de oportunidades y sin discriminación por motivos de ninguna naturaleza, aplicando solamente criterios y procedimientos de selección fundados en la aptitud académica.

c) La libertad académica es inherente a la autonomía universitaria y se funda a la vez en la democracia; se considera un principio inquebrantable de esta universidad y se expresa institucionalmente como el dar cabida a todas las corrientes del pensamiento universal y espacio para la libre reflexión de las ideas en forma plural y democrática.

Como se puede observar, este primer documento reproduce los principios fundamentales que rigen la educación en México, retomando siempre la formación humanista, democrática y al servicio de la comunidad. Ahora debemos peguntarnos, ¿esto es simplemente un discurso? ¿representa lo que realmente se habla y sucede en los espacios de trabajo de la UAN?

## El nuevo modelo y los cambios paradigmáticos

Al hacer un análisis de los cambios anunciados en el modelo de reforma y de los posibles cambios paradigmáticos de la UAN, se puede ver que existen puntos de conjunción, en donde si bien la reforma promueve la formación integral de los estudiantes y la búsqueda de solución a los problemas de su entorno, no se consideraron en el proceso de reforma, lo que de acuerdo a Gimeno Sacristán (2008) debía de contener: la educación para la ciudadanía, la participación política, la tolerancia, la democracia, el revalorizar el lugar de las familias, el dar más espacio a la comunidad en la toma de decisiones, reducir el papel del estado, y otorgar más autonomía a los centros educativos. Más aún, un eje fundamental olvidado fue la formación de una ciudadanía crítica, y que la experiencia escolar debía ser sentida como un proceso de reconstrucción del pensamiento, de cambio en las perspectivas de los sujetos a partir del debate, la discusión pública y el contraste de opiniones (Rodríguez, 2006).

Para la promoción de la capacidad crítica, la reforma hace hincapié en el desarrollo de habilidades cognitivas y metacognitivas, reto que luego tendrán que asumir los docentes en el desarrollo de su unidad de aprendizaje. En todo este proceso el gran comprometido es el docente, principal responsable de las acciones directas con los estudiantes. A él le corresponde liberar las potencialidades académicas que se encuentran en estado latente en nuestra institución, haciendo surgir un sujeto social que permita elevar sustancialmente el nivel académico de nuestros programas.
Sin embargo, a falta de un documento operativo todo quedó en manos de la discrecionalidad del docente, que con poca formación para enfrentar esto, hizo nugatoria toda propuesta presentada en el documento rector.

Ante la inmensidad de la tarea, se requiere un fuerte compromiso no nada más del docente sino por parte de todos los involucrados directos: autoridades, administradores, estudiantes y la comunidad misma, sin olvidar al gobierno. Este es el reto, el hacer que todos los directamente involucrados participen hombro con hombro y pongan su mejor esfuerzo para lograr el éxito en la realización de una reforma integral. Sin embargo, en un clima institucional en donde el "deber ser" se limita al discurso, y el "ser" que ocurre en la acción cotidiana no coincide ni es coherente con el discurso. En consecuencia se puede enfatizar la afirmación central: nos encontramos frente a dos realidades contrapuestas, la formal, en donde se cumple con requisitos y se formulan los reportes y rendición de cuentas en los términos estipulados desde afuera y, la informal cotidiana, donde muchos de los usos y costumbres se repiten, no sin deterioro y, así también donde muchas de las virtudes de la Universidad dependen de las iniciativas puntuales y específicas de grupos o individuos que, en función de su vocación y compromiso, continúan ofreciendo a los miembros de la comunidad universitaria, colegas y estudiantes, lo mejor de sí mismos. De allí que sea tan trascendente intentar poner en la balanza ambas fuerzas que actúan sobre la institución, la formal de los requisitos y, la natural u orgánica de aquellas gentes comprometidas. Un balance que si bien cambia con el tiempo, es importante seguir, porque ella marca el rumbo y el sentido de la institución.

# LAS BASES DEL ANÁLISIS

Este trabajo de análisis y denuncia, responde a la pregunta básica que surge desde el marco macro, es decir, desde la amplia arena donde se debaten los proyectos educativos nacionales y donde sobresale la disputa entre dos modelos de Universidad Pública: 1) el que intentan imponer las políticas federales en el marco de la economía neoliberal, que llamamos "empresarial" y 2) el que se encuentra plasmado en la Constitución, y que toma forma en la Universidad Pública, que llamamos "académico".

En el seno de la UAN, como efecto de las tensiones creadas por las políticas de implantación del modelo "empresarial" por una parte y la defensa y prevalencia de los rasgos básicos del modelo "académico", resguardados por académicos comprometidos, plantean una serie de problemáticas como: ¿Cuáles son las evidencias que permiten distinguir los efectos de los cambios propuestos por uno, frente a los signos de permanencia y evolución que mantienen al otro? ¿Qué tendencias pueden identificarse entre los miembros de la comunidad de la UAN, en términos de acciones de resistencia con el fin de preservar ciertos valores y de acciones de adaptación hacia las nuevas reglas de juego? Y en el caso que ambas conductas ocurran intercaladamente, ¿qué rasgos asume la combinación de las mismas?

Si convenimos en que los docentes son los actores principales en estos procesos (aunque no los únicos), ¿Actúan ellos con conciencia de esta disputa entre modelos, o simplemente la perciben a medida que ocurre, planteando estrategias espontáneas de sobrevivencia bajo las reglas del juego, cambiantes y sorpresivas?

Lo anterior es relevante en la medida en que su temática se relaciona con el cambio, la adaptación y la resistencia, temática que no parece ser preocupación de los que conciben estos cambios como una mera transferencia de políticas emanadas desde los centros hegemónicos hacia la periferia de país dependiente, dando por hecha su implantación institucional. Sin embargo, el manejo de la asignación de recursos, a cambio del cumplimiento de requisitos y programas específicos, ha puesto en juego valores e intereses de los actores de la Universidad, agudizando los conflictos y las contradicciones, frente a estas nuevas formas de control. Para llevar a cabo este estudio, observamos las manifestaciones de estos procesos, desde el papel del docente, porque lo consideramos un actor que indica estos cambios, aunque también se encuentren involucrados todos los demás actores, estudiantes, trabajadores administrativos y padres de familia. En una visión amplia, esta situación también afecta a sindicatos y empresas, industria y gobierno; todos ellos con percepciones, formas y aproximaciones diversas de la educación. En este libro nos centramos en el actor principal: "el docente" y las instancias administrativas que tienen que ver con la función de docencia: coordinadores de área, directivos y coordinadores de carrera. Conocer sus ideas, actitudes, experiencias e interpretaciones, permitió comprender la esencia del *ethos* universitario, pues son ellos los que han estado en contacto directo con este proceso y por lo tanto elaboran juicios de lo propuesto y de lo logrado.

Se utilizó el análisis micro-político ya que estudia las dinámicas internas de una organización en diversas medidas condicionadas y determinadas por fuerzas externas, que es la visión macro (Lópes da Rocha, 2005). Las tres premisas que surgen en este sentido son:

- Las instituciones educativas y su planta académica no pueden concebirse independientemente de su medio y de las fuerzas sociales que actúan sobre ellos.
- Tanto las UP, como sus académicos, no pueden analizarse simplemente en términos de sus "adaptaciones" al medio.
- Las diversas esferas, instancias, actores de la UP se conducen con una "autonomía relativa" lo que da lugar a que los procesos no ocurran en forma coherente y armónica, sino en secciones y direcciones muchas veces opuestas o independientes una de otra.

Estas premisas crean el basamento de la construcción teórica, a partir de hacer la distinción entre la visión micro y la visión macro, siguiendo la síntesis sobre esta demanda teórica, como se presenta en el capítulo "El Zorro y el Puercoespín" de Porter (2003), ante la necesidad de situar la visión del docente de la UAN en las particularidades de su realidad inmediata por una parte y, por otra, de su contexto social, en el marco de los principios de la UP y el embate de las políticas que tienen una dimensión transnacional y nacional. Para ello se revisó cómo percibe este proceso de reforma cada uno de los sujetos entrevistados y cómo, en el conjunto, se encuentran convergencias y divergencias tanto en los documentos que dan vida a la reforma como en la práctica misma:

a) Conocimiento y participación de y en la reforma;
b) Apropiación de la misión y visión de la universidad;
c) Determinación de los fines de la educación;
d) La aplicación de los fines de la educación en el proceso de reforma;

En cuanto a la aplicación de los principios de la educación:

a) Formación humanista;
b) Formación integral;
c) Formación para la ciudadanía;
d) Desarrollo del conocimiento;
e) Dar respuestas a las necesidades regionales;

Un concepto que ayuda en términos teóricos, es el de "autonomía relativa" (Imaz, 1994, 1995, Poulantzas, 1997, citado por Imaz; Mora, 1999). Este concepto permite comprender y explicar cómo en un medio centralizado corporativista y autoritario como el de México, el Estado no logra tener el control que supone ni logra permear sus políticas hacia la base, abarcando la totalidad de la institución, pues habrá siempre grupos, esferas, niveles o espacios que guardarán dicha "autonomía relativa" que les permite continuar con sus usos y costumbres o evolucionando por el camino que consideren mejor. Esta es una de las prerrogativas de la Universidad, que no sólo incluye la libertad de cátedra, sino también la libertad relativa que permite actuar y ejercer, tanto la docencia como la investigación, siguiendo premisas propias, valores, visiones y abordajes particulares. Se trata de una cualidad imperativa que hay que conservar.

Aunque el análisis micro predomina principalmente en países donde la descentralización es efectiva y existe un nivel de autonomía institucional relevante (principalmente Estados Unidos, Inglaterra y Francia) y un importante cuerpo de investigación, es aplicable en el presente caso pues se considera como un método útil para los propósitos de este trabajo:

a) Un bosquejo de las características personales y desarrollo de los académicos docentes a través de recuentos históricos, perfiles, experiencias de cada persona, actitudes, intereses, valores y motivaciones como indicadores clave, donde se enfatiza la importancia de las características individuales;

b) Las características de la profesión antes que las del individuo;

c) Los valores del modelo académico de la UP, y la forma cómo los retoma la reforma universitaria; cuáles son los supuestos que se perciben y/o vivencias que al respecto tienen los docentes de las diversas áreas de la universidad;

d) Las estrategias llevadas a cabo y la percepción de cómo fue implementada la reforma.

e) Los instrumentos que permiten asomarnos a la manera de percibir del pensamiento de los maestros influenciados por el cambio en las estructuras, políticas, recursos, valores, creencias, normas y relaciones sociales, y si ello provoca un cambio en la forma en cómo instruirán a sus estudiantes.

Conviene siempre tener presente qué pretendemos en este estudio: reflexionar sobre la influencia de los cambios institucionales; si limitan la visión del docente o amplían su mirada. Esto, agregado a la influencia de un ethos ocupacional, en conjunto, da forma a la pedagogía práctica. La visión micro considera que el medio conforma los sistemas de creencias y que los imperativos organizacionales influyen sobre lo que la gente piensa, y estas ideas permean la cultura y penetran en el pensamiento del docente. Estos estudios ayudan a reflexionar sobre el poder potencial de los docentes de adaptarse a los cambios, sin variar sus usos y costumbres (prácticas de enseñanza en clase) derivadas de su sistema tradicional de creencias.

Lo que se intenta identificar son los puntos de conflicto que pueden o deben darse en los académicos para asumir y practicar nuevas conductas, donde valores, como la eficiencia y la productividad, concretadas en la producción susceptible de ser evaluada interna o externamente, comienzan a condicionar sus formas de enseñar. Para algunos autores (Porter, 2003; Imaz, 1994, 1995) este patrón no puede apartarse de la particularidad del sistema político y económico, que, desde el nivel macro, puede extender su influencia hacia las regiones más profundas del sentimiento y de la conducta de un docente.

Por otra parte, el nivel macro ofrece elementos teóricos sobre la totalidad, la escala social en su dimensión más amplia y las fuerzas y corrientes que actúan sobre ella. Este análisis conecta la educación a la racionalidad social y cultural del sistema capitalista en su actual versión neoliberal, la cual afecta al sistema educativo en forma directa. Esta visión ha permitido asimismo identificar lo que se entiende como "silencios estructurados" (Giroux, 1983) de la teoría liberal en relación a los imperativos del poder y de la clase social y su efecto sobre la experiencia escolar, en particular a través del llamado *"curriculum* oculto". Es decir, los embates de las reformas promovidas estructuralmente desde afuera (por medio de políticas) es determinante para la transformación de la UP.

La tabla siguiente (No. 1) muestra como se obtuvo la información.

**Tabla No. 1 Fuentes e instrumentos para obtener la información**

| Pregunta | Información a recabar | Fuente | Instrumentos |
|---|---|---|---|
| Al observar en el seno de la UAN, las tensiones creadas por las políticas de implantación del modelo "empresarial" y la defensa y prevalecencia de los rasgos básicos del modelo "académico", resguardados por académicos comprometidos: ¿Cuáles son las evidencias que permiten distinguir los efectos de los cambios propuestos por uno, frente a los signos de permanencia y evolución que mantienen al otro? | Políticas educativas, Reforma promovidas a nivel nacional e internacional. | Libros Revistas Periódicos Publicaciones oficiales. Actores principales del proceso de reforma. | Análisis de documentos. Entrevistas Cuestionario Interpretación del investigador. |
| ¿Qué tendencias pueden identificarse entre los miembros de la comunidad de la UAN, en términos de acciones de resistencia con el fin de preservar ciertos valores, y de acciones de adaptación hacia las nuevas reglas de juego? | Acciones de resistencia y adaptación a las reglas. | Revistas, libros, publicaciones oficiales Entrevista a docente. Cuestionario a docentes | Análisis de documentos, entrevista y cuestionario. |

| Si convenimos en que los docentes son los actores principales en estos procesos (aunque no los únicos), ¿Actúan ellos con plena conciencia de esta disputa entre modelos, o simplemente los perciben a medida que ocurren, y van planteando estrategias espontáneas que al mismo tiempo que les permitan sobrevivir bajo las reglas de juego cambiantes? | Conocer las percepciones de los actores respecto a la apropiación de los principios fundamentales. | Entrevistas a actores principales del proceso de reforma. Cuestionario a docentes. | Análisis de la información. |
|---|---|---|---|

La principal limitación de la perspectiva macro es que no puede explicar las diferencias entre "simulación" o cambios artificiales impuestos, y usos y costumbres, que pueden mostrar el desgaste propio de la inercia que no ha superado el impacto de momentos de vacío, como la llamada "década perdida" de los años 80, y las actividades de aquellos que comprometidos con su vocación y su institución, mantienen a la misma con altos niveles de calidad en su trabajo, tanto docente como de producción y difusión del conocimiento. Los docentes que contradicen las políticas que se tratan de imponer, demuestran que no basta aplicar una visión macro que ignore las resistencias de los colectivos humanos creados a partir de las prácticas académicas, por ello damos su lugar al beneficio de la mediación humana, de la oposición y su lucha, entendiéndola como el "sentido propio" de la UAN, aunque en la visión macro, esta calidad humana se diluya bajo una noción unilateral e instrumentalista del poder y de la dominación que no deja lugar para entender las luchas existentes y las mediaciones de actores específicos que se desarrollan en contextos particulares. Esto explica la dificultad de entender el por qué, después de décadas de embate gubernamental contra la Universidad Pública, aun se preserva el sitio para los matices y resquicios que la realidad ofrece.

Los procedimientos y las técnicas que se utilizaron para registrar e interpretar la información recabada fueron la entrevista y el cuestionario. La primera por considerarla como: "un excelente instrumento heurístico para combinar los enfoque prácticos, analíticos e interpretativos implícitos en todo proceso de comunicar. Es a través de ellas que las percepciones, las actitudes y las opiniones de los entrevistados, que no pueden inferirse de la observación, se hacen entonces accesibles" (Galindo, 1998:277). Por lo anterior, éstas permitieron obtener información más puntual sobre el proceso de reforma, desde la percepción de los profesores (Festinger, 1979). Se entrevistó a los actores fuertemente involucrados en el proceso de reforma; la entrevista fue estructura y su objetivo principal fue determinar el grado de apropiación de la reforma, conocer su visión respecto al éxito o no de ésta, así como la aplicación actual de los principios fundamentales que dieron vida a la universidad y, finalmente, conocer su percepción sobre el rumbo a seguir. Para este procedimiento se utilizó una guía con las preguntas estructuradas, las cuales giraron en torno a los siguientes aspectos:

- La opinión del profesor respecto de la universidad pública
- Los antecedentes que propiciaron el proceso de reforma
- Determinar los valores que promovió el proceso de reforma
- Determinar cuál es la filosofía de la reforma
- Conocer el tipo de ciudadano que se pretende formar con el proceso de reforma
- Determinar el papel de la reforma en cuanto al humanismo, la formación democrática, el compromiso con la verdad y las necesidades regionales.

La selección de los docentes se realizó sobre el criterio del compromiso mostrado durante el proceso de reforma. Se entrevistó a 9 docente de los cuales 3 fueron mujeres y 6 hombres. La inclusión de este personal estuvo determinada por la pertinencia de considerar únicamente su estatus administrativo y académico durante el proceso:

a) Por cargo: Coordinadores de Área y directores.
b) Por diseño y planeación. Coordinadores de Programas, quiénes diseñaron y promovieron la reforma en todas sus esferas
c) Por compromiso: Un docente que por su grado de participación, fue seleccionado

La inclusión de este personal en la muestra, estuvo determinada por la pertinencia de considerar únicamente a informantes calificados -a los más comprometidos o con la mayor responsabilidad en el proceso de reforma- informantes claves que aportaran mediante su discurso mayor cantidad de datos relevantes (Merriam, 1998; Stake, 1999) y que estuvieran ubicados en distintos lugares de la organización académica de la UAN, con ideología y posiciones diversas. (Ver tabla 2)

**Tabla No. 2 Procesos y sujetos de la investigación**

| Procesos | Sujetos |
|---|---|
| Reforma Académica | Coordinadores de área |
| | Directores |
| | Coordinadores de programa |
| | Docentes |

El cuestionario permitió recoger información, opiniones, creencias y actitudes de los docentes. Si bien los docentes pueden no decir lo que piensan realmente de su involucramiento en los procesos académicos, al menos, manifiestan lo que desean de ellos (Buendía, 2001:120). Por tanto se recogió información respecto a la concepción que ellos tenían en relación a la reforma en sí y su proceso. El instrumento se entregó a 100 profesores (más del 10% del total de la planta académica). Se entregaron 20 cuestionarios a cada una de las distintas áreas de la universidad – Ciencias Ingenierías, Ciencias de la Salud, Ciencias Biológico-Agropecuarias, Ciencia Económico-Administrativas y Ciencias Sociales y Humanidades– o sea un total de 100 cuestionarios, recuperándose 67, de la siguiente manera;

| | |
|---|---|
| Área de Ciencias e Ingenierías | 11 |
| Área de Biológico-Agropecuarias | 16 |
| Área de Ciencias de la Salud | 10 |
| Área de Ciencias Económico Administrativas | 17 |
| Área de Ciencias Sociales y Humanidades | 13 |

El cuestionario incluyó 33 preguntas de opción múltiple. Para la elaboración general del instrumento se tomaron en cuenta los siguientes factores recomendados en el enfoque humanista: aspectos de formación científico-profesional, aspectos didáctico-pedagógicos, actitudes, valores, y contribución social. El cuestionario consta de 5 rubros:

a) Datos generales,
b) Reforma universitaria,
c) Formación humanista,
d) Formación integral, desarrollo del conocimiento científico,
e) Respuesta a las necesidades regionales.

Para su validación el cuestionario se probó con 15 maestros de las distintas áreas de la universidad. Con base en este resultado se modificaron algunas preguntas originales y se eliminaron aquellas que se identificaron como irrelevantes o confusas y se obtuvo así, el cuestionario final. Los datos fueron procesados a través del programa Excel y posteriormente analizados para derivar algunas conclusiones.

## Principios fundamentales de la educación.

Como se parte del principio que una reforma universitaria debe originarse desde su razón de ser, desde su sentido y, desde luego, considerarse el artículo 3º Constitucional, aquí se consideraron los siguientes ejes de formación:

- El desarrollo armónico de todas las facultades del ser humano; implica una formación integral, un individuo que pueda relacionarse con los demás y su entorno, y un ser útil en su región.
- El fomento del amor a la patria; está basado en la formación de la ciudadanía, como un ente capaz de respetar y enaltecer a su país. Nos orienta a crear nuevas patrias y a través de ella integrarnos como sociedad y como mexicanos.
- Conciencia de la solidaridad internacional; la independencia y la justicia, supone la formación de un ciudadano libre, crítico y respetuoso, pero sobre todo, mostrar y sentir empatía por sus conciudadanos y con la comunidad internacional. Significa compartir los mismos ideales y fortalecer la búsqueda de su realización.
- La educación laica; basada en el resultado del progreso científico que conlleva la educación libre de todo credo y una educación en busca de la verdad.
- Democrática; más que una acción jurídica y partidista, ésta se entiende como una forma de vida, en la que todos tienen acceso a los satisfactores con igualdad y con libertad.
- Nacionalista; la educación es nacional y debe de atender todas las necesidades nacionales y promover los valores del país.
- Contribuir al mejoramiento de la convivencia humana. Toda educación debe llevar siempre a una mejor calidad de vida.

A partir de lo anterior y, con la finalidad de contrastar las fuentes primarias con las percepciones de los actores universitarios, se diseñó la siguiente tabla (No. 3)

**Tabla No. 3 Categoría, ámbitos y fuentes de la educación universitaria**

| Categoría de análisis | Ámbito de análisis | Fuentes |
|---|---|---|
| Desarrollar armónicamente todas las facultades del ser humano | Conocimiento de los actores universitarios | PDI<br>Documento Rector<br>Actores<br>Universitarios |
| Fomentar el amor a la patria | Conocimiento de los actores universitarios | PDI<br>Documento Rector<br>Actores<br>Universitarios |
| Conciencia de la solidaridad internacional, en la independencia y en la justicia | Conocimiento de los actores universitarios | PDI<br>Documento Rector<br>Actores<br>Universitarios |
| La educación será laica, basada en el resultado del progreso científico | Conocimiento de los actores universitarios | PDI<br>Documento Rector<br>Actores<br>Universitarios |
| Democrática, nacionalista | Conocimiento de los actores universitarios | PDI<br>Documento Rector<br>Actores<br>Universitarios |
| Contribuirá al mejoramiento de la convivencia humana | Conocimiento de los actores universitarios | PDI<br>Documento Rector<br>Actores<br>Universitarios |

Se retomaron los fundamentos de la reforma con el fin de poder contrastar con los principios que dan vida a la educación superior mexicana. La tabla No. 4 muestra estos fundamentos

**Tabla No. 4 Fundamentos Universitarios**

| Categoría de Análisis | Ámbito de análisis | Fuentes |
|---|---|---|
| Misión, Visión, Metas, Fines | Conocimiento de los actores universitarios | PDI Documento Rector Actores Universitarios |
| Calidad. Evaluación Pertinencia Equidad Competitividad | Conocimiento de los actores universitarios | Documentos oficiales SEP-ANUIES BID OCDE UNESCO |
| Flexibilidad Pertinencia Educar para el futuro Formación ciudadanos del siglo XXI | Contexto universitario | PDI Documento Rector Actores Universitarios Documentos oficiales SEP-ANUIES BID OCDE UNESCO |

La tabla No. 5 muestra las categorías principales donde se propone un punto de unión entre la visión macro gubernamental y la asunción a nivel micro por parte de los docentes.

**Tabla No. 5 Principales categorías de articulación del análisis**

| Categorías de la reforma | Contenido oficial | Contenido humanista |
|---|---|---|
| Calidad | Profesionales con competencias técnicas. Indicadores de desempeño | Formación democrática, desarrollo armónico Responder a los desafíos futuros en la sustentabilidad de la sociedad |

| Evaluación | Por entidades externas / comprobar el desarrollo a través de competencias técnicas | Desarrollo del conocimiento científico y social. |
|---|---|---|
| Acreditación | A través de evaluaciones externas COPAES, FIMPES, CIEES | Promover una educación integral Promover la solidaridad internacional en la independencia y en la justicia. |
| Competitividad | El manejo de la tecnología y otros aditamentos | Dar respuesta a las necesidades regionales |
| Equidad | Examen único de admisión | Igualdad de derechos de todos los seres humanos |
| Pertinencia | En el mercado | Aprovechamiento racional de los recursos naturales |

A continuación se presentan las conceptualizaciones de los indicadores que se exigen incluyendo la visión humanista y democrática

- Calidad en cuanto contribuye al logro de una mayor profundidad en los contenidos académicos e incorpora una perspectiva interdisciplinaria, intercultural e internacional.
- Evaluación, resultado del grado de apropiación y aplicación de los procesos de aprendizaje.
- Acreditación. Proceso por el cual el actor de la educación aprueba y comprueba sus conocimientos y habilidades tanto profesionales como éticas y humanas respecto de modelos implementados por instituciones habilitadas para ello.
- Competitividad. Da cuenta de las habilidades profesionales y al mismo tiempo de la capacidad de la universidad para alcanzar estándares internacionales exigidos.
- Equidad en la atención a los grupos más vulnerables de la sociedad. Que ningún joven que quiera estudiar, deba dejar de hacerlo por falta de recursos.
- Pertinencia, impacto y proyección en su entorno social de la universidad.

Un aspecto esencial de cualquier trabajo es tener presente si al observar, medir o apreciar una realidad, se mide o aprecia esa realidad y no otra. Por ello se aplicaron entrevistas a docentes que estuvieron fuertemente involucrados en el proceso de la reforma, lo cual permitió recuperar su particular punto de vista con relación a éste. Si él método no contrastara lo macro de lo micro, se estaría a merced de un tipo de análisis oficialista, cuya perspectiva enfatiza que la educación se lleva a cabo en un ambiente altamente institucionalizado, organizado dentro de enormes y complejas burocracias de Estado, especialmente cuando no se hacía distinción entre el gobierno, los sindicatos y los partidos que formaban una sola línea de acción dentro de lo que se llamaba la "democracia perfecta"; teoría que ofrece elementos que permiten explicar cómo los académicos mexicanos ejercen su autonomía en las aulas. Por ello, y con la finalidad de contrastar esta visión, se aplicaron cuestionarios a docentes universitarios que, obligados por el cambio, se tuvieron que involucrar con este hecho insoslayable. La validez puede ser concretada por el grado o nivel en que los resultados de la investigación muestran una síntesis clara y representativa de un contexto o situación dada.

Con el propósito de reforzar lo anterior, se realizó la triangulación metodológica, que la define Denzín (citado por Jick, en Marcelo, 1995:39 y Rincón, 2006:209), en la combinación de metodologías en el estudio del mismo fenómeno, es decir, que se puede hablar de triangulación entre métodos, por ejemplo: distintos métodos para evaluar el mismo fenómeno y triangulación intra-método, distintos informantes sobre el mismo fenómeno. Para ello se aplicó el cuestionario a otros actores, que al contrastarlo con las entrevistas, la evolución histórica y las teorías aplicada, resultó una estrategia útil debido a que en el proceso se reunieron datos desde distintos puntos de vista, lo que permitió hacer comparaciones del mismo fenómeno para lograr un mejor nivel de imparcialidad. Este proceso se realizó para controlar las fuentes de datos tales como: documentos, personas, apreciaciones de una situación u otro aspecto en particular y como referencia para la credibilidad de la investigación. De acuerdo a Carrasco y Caldedero (2000) se destacó la observación perseverante del investigador, el juicio crítico de otros investigadores y la utilización de material referencial. En este sentido, se contrastó la información vertida por los docentes, la apreciación que ellos tienen respecto de la reforma, los principios que dan vida a la universidad (humanismo, democracia), de los documentos oficiales y teorías principales.

# LA REALIDAD. LA VISIÓN DE LOS CONSTRUCTORES

La reforma de la universidad…
debe transformar la organización misma del saber,
ayudar a afrontar los problemas fundamentales de los individuos,
de las sociedades y de la humanidad.
Es una reforma de la civilización para la civilización.

Edgar Morin

## De los funcionarios

Para la realización de este apartado se entrevistaron a 9 docentes de las diversas áreas de la universidad, con la pretensión de que la opinión de cada uno de ellos reflejara el punto de vista de cada una de esas áreas. Además, en la selección se consideró estratificar las opiniones de acuerdo con las diferentes jerarquías que dichos docentes representan en estas áreas. De acuerdo con lo anterior se entrevistaron a: 3 Coordinadores de Área: Ciencias e Ingenierías, Ciencias Sociales y Humanidades y Ciencias Biológico-Agropecuarias; 2 directores: Área de Ciencias de la Salud y del Área Biológico-Agropecuarias; 3 Coordinadores de Programa: 2 de Ciencias Sociales y Humanidades, y 1 de Ciencias Económico-Administrativas, y por último a 1 docente del Área de Ciencias e Ingenierías. En el nuevo modelo aparece la figura de Coordinador de Área y desaparece la de director, por eso sólo se consideran a dos directores de las escuelas que aún continúan con esta nomenclatura. Asimismo, sólo se considera a un docente porque en los primeros momentos de la reforma −en el diseño e implementación− sólo unos cuantos maestros fueron invitados a participar. El peso principal lo llevaron en su mayoría los coordinadores de programa, directores y coordinadores de área.

Con relación a las características generales de los entrevistados, se encontró que la edad promedio de los docentes es de 43 años y la antigüedad media es de 18 años. Sin embargo, 2 de éstos tienen una antigüedad promedio menor de 10 años. 3 docentes poseen el grado de doctor, 2 son candidatos a punto de doctorarse y 4 tienen maestría. Se entrevistaron a 6 docentes varones y a 3 docentes mujeres. Los docentes que están en un primer y segundo nivel de toma de decisiones, coordinadores de área y directores, tienen más de 15 años de estar en puestos directivos. Además de lo anterior todos los docentes cuentan con posgrados, y una amplia experiencia y conocimiento acerca de la universidad. Esto representa una ventaja en el proceso de la reforma, en virtud de que los docentes ubicados en los puestos de toma decisión están preparados académicamente para ello, y sobre todo, su tiempo de permanencia en la universidad les permite conocer puntualmente su problemática.

**Las respuestas**

A continuación se presentan los resultados obtenidos; en principio se da una explicación *conceptual,* posteriormente *las respuestas* y, por último, se realiza un *cruce con ambas para un análisis.* Las respuestas se presentan en siguiente orden: a) los Coordinadores de Área (C.A.1, C.A.2, C.A.3), b) los directores (D.1, D.2), c) los Coordinadores de Programa (C.P.1, C.P.2, C.P.3) d) el docente (d).

**1. ¿Cómo define a la universidad pública?**

El concepto de universidad pública está formado por una serie de supuestos y creencias muy arraigados en el pueblo mexicano. Se toma el concepto vertido por Latapí (2005) por considerar que esta visión incluye los diversos ámbitos de la universidad en México.

La universidad es pública porque:

  a) Es un bien público que pertenece a la sociedad, y que existe gracias al apoyo y a los recursos que ésta le canaliza para realizar su labor educativa.

b) Promueve e impulsa una economía que trata de incluir a amplios sectores de la población.

c) Eso debiera ser un instrumento para:

    i) Promover una democracia participativa, que construya la corresponsabilidad social en la solución de los problemas comunes;

    ii) Fortalecer la identidad de quienes habitamos en este país y en este Estado;

    iii) Idóneo para fomentar la convivencia social.

d) Asume la responsabilidad de dar respuestas académicas a necesidades públicas.

e) Está vinculada al propósito de soberanía nacional, de independencia, de justicia social y da respuesta a las reivindicaciones populares (Latapí, 2005).

## Coordinadores de área

➤ *"**Garantiza** de alguna manera que la gente **pueda tener** acceso a la educación" (C.A. 1)*

➤ *"**Promueve las causas sociales dentro de una igualdad,** igualdad de derecho, igualdad de oportunidades" (C.A. 2).*

➤ *"Es una institución que le permite a la población tener **acceso a la educación superior**" (C.A. 3).*

## Directores

➤ **"La universidad es el espacio de oportunidad** en donde sobre todo la juventud puede educarse" (D.1).

➤ **"Es la institución a la que se le debe todo"** (D. 2).

## Coordinadores de programa

➤ *"Es **una institución formadora de ciudadanos** que tiene que involucrarse de manera decidida y consciente en la búsqueda de alternativas para resolver ciertas problemáticas que le afectan a él como ciudadano" (C.P. 1).*

> *"Ofrece educación superior y posgrados a una población abierta"* *(C.P. 2)*
> *"Trata de no ser elitista entre comillas, sin embargo al final termina siéndolo"* *(C.P. 3).*

## Docente

*"La universidad es la entidad que **permite libertad de pensamiento** para los jóvenes que van a formarse"* *(d).*

Al analizar las respuestas se encuentra que en la visión de los entrevistados existe la creencia que basta la existencia de la UP para que los jóvenes tengan esa opción y acceso, sin embargo, los hechos demuestran lo contrario, toda vez que hay miles de rechazados en todas las universidades públicas en cada periodo escolar (en nuestro caso es aproximadamente 75%), y cada vez más se limita el acceso, eso sin contar los que desertan por múltiples razones. Hoy día se acepta sin cuestionar el hecho de que el gobierno el "Estado evaluador" (Zea, 2005) ha comenzado a poner candados para regular el acceso, amparándose en el discurso de la "calidad", donde sólo los más capacitados pueden acceder a sus aulas. Sin considerar que en el fondo lo que sucede es que el estado se desprende de su responsabilidad de dar educación a todos[3]. No se debe olvidar que la universidad es pública por razones de su pertenencia: es de todos, a la sociedad en su conjunto y, al ser sostenida con los recursos públicos, debe de favorecer a todos. La información recabada muestra una visión utópica e ideologizada por parte de los entrevistados, debido a que la universidad ha ido perdiendo de manera imperceptible su sentido social y, sobre todo, su autonomía, al someter a la lógica presupuestal el ingreso de todo aquel

---

[3] Cabe mencionar que en otros países, Argentina por ejemplo, políticamente es inaceptable el filtro a partir de un examen de selección múltiple. El acceso a la Universidad pública es irrestricto, todo el que haya cumplido con el requisito del nivel educativo previo, tiene acceso a un Curso Básico de Nivelación, de un año de duración, compuesto de materias reglamentado de tal manera que el estudiante tendrá una mayor amplitud de oportunidades para prepararse y acceder al nivel superior. Aunque la deserción es alta, el proceso es más democrático y menos excluyente. Tómese en cuenta que la UNAM tiene 300 mil estudiantes, en una ciudad de 20 millones, y un país de 105. la Universidad de Buenos Aires (correlato de la UNAM) tiene 270.000 estudiantes, en una ciudad de 8 millones, en un país de menos de la mitad de habitantes que México.

que por derecho desea estudiar. Lo anterior, representa para la universidad, una luz roja en el sentido de que la reforma debe recuperar su papel social, y por ello, debe de considerar el libre ingreso de la ciudadanía a sus aulas.

Las respuestas analizadas ponen en evidencia el dilema entre un modelo y otro de universidad: el que entrena (a técnicos) y la que educa (a seres humanos integrales). Dichos comentarios permiten reflexionar sobre la pertinencia actual de la educación universitaria y el hacia donde debe de ir; ya sea como formadora de profesionales puramente técnicos, o como formadora de profesionales con una libertad de pensamiento social bien definido. Más que en cualquier otra época de su historia, la Universidad tiene el compromiso de prestar cuidadosa atención a las exigencias profesionales en el constante cambio de la sociedad y de sus instituciones. De ahí que frente a la visión utilitarista y enajenante la Universidad actual debe, a) educar en y para la libertad y el servicio, b) alentar una educación orientada y comprometida con la verdad, la justicia y la solidaridad.

El proceso de reforma debió transcurrir con una clara percepción de lo que debe ser la universidad pública, aunque explícitamente sólo unos cuantos de los entrevistados tienen claridad sobre la desviación de la concepción de lo que debe ser como entidad pública *una universidad para todos*. En este sentido, se hace necesario retomar esta discusión y hacer partícipes de ella no sólo a las nuevas generaciones, sino a toda la comunidad universitaria y a la población en lo general, para que exijan una universidad pública en el más completo de los sentidos.

## 2. ¿Qué valores promueve la universidad pública?

Para el cumplimento de su misión, la UAN propone en el PDI (1999-2004) accionar bajo los principios de autonomía, democracia e igualdad; libertad académica y humanismo. Aunado a lo anterior y en cumplimiento al Artículo 3° de la Constitución Política de los Estados Unidos Mexicanos, la educación que imparta la UAN, deberá contribuir "a la mejor convivencia humana, junto con el aprecio a la dignidad de la persona y la integridad de la familia, así como fortalecer la convicción del interés general de la sociedad, evitando los privilegios de raza, de religión, de grupo, de sexos o de individuos" (UAN-PDI, 1999-2004:15). A fin de conocer cuál es percepción de los principios fundamentales de la universidad, se le pidió a los docentes que expresaran cuales son los valores actuales que promueve la universidad pública. En respuesta a ello, se encontró una gran variedad de aproximaciones.

## Coordinadores de área

➢ *En nuestro modelo está considerada la **autoformación**, para mí es como un valor fundamental el poder hacer las cosas por uno mismo. Con el empuje que necesitan las personas para hacer las cosas, a mi me parece que es un valor que al menos está bien determinado en nuestros documentos* (C.A. 1).

➢ *Los valores cívicos y los valores de tipo moral, éticos, estéticos, culturales, por ejemplo: la identidad con su pueblo, la identidad con sus raíces, con sus costumbres, con su familia. Los formativos, estamos hablando también que nos lleva del estudio a la responsabilidad, al cumplimiento, al trabajo colaborativo, y al cuidado de nuestro ambiente laboral. **Valores que dentro de los planes y programas no siempre están bien explícitos*** (C.A. 2).

➢ *La **autonomía** sigue vigente, y es un principio que hemos defendido y seguiremos defendiendo. Se sigue promoviendo la democracia, la tolerancia, la libre creencia, desde el punto de vista académico, religioso, político* (C.A. 3).

## Directores

➢ *Los valores institucionales que promueve la universidad son los propios símbolos de la misma, como el escudo, la bandera, el **respeto** que realmente lo imprimimos dentro de las aulas, el respeto a sí mismo y a los demás, la honestidad, el aprecio de la familia que es la célula de la sociedad* (D.1).

➢ *Los **valores de su formación están muy arraigados**, con los aspectos del servicio social, como valores del individuo, todos los que tienen qué ver con su formación social, ética, valores hasta familiares y cosas de ese tipo* (D. 2).

## Coordinadores de programa

➢ *Hay **valores** y hay **contravalores**, y se pueden dar en diferentes niveles, maestros, estudiantes, administrativos* (C.P. 1).

➢ *Valores formativos y éticos del ser humano, valores para ejercer una profesión, **buscar el beneficio de todos**. Beneficiar principalmente a la sociedad* (C.P. 2).

> *La generación del conocimiento por el conocimiento mismo* (C.P. 3).

**Docente**

> *Se promueve el conocimiento, pero como una forma de servir, creo que la universidad pública tiene su esencia en la necesidad de adquirir todas esas habilidades, todos esos bagajes que el joven va acumulando para servir a la sociedad y hacen que la universidad exista* (d).

Las respuestas vertidas por los docentes permiten diferenciar los valores propios del ser humano y los valores que deben ser observados por los profesionales. Los primeros son esenciales en la acción diaria del universitario de esta nueva generación, como es la autoformación, el respeto, la identidad, el trabajo colaborativo, la autonomía (no sólo institucional universitaria sino personal como individuo), el servicio social, la conservación del medio ambiente; en tanto que los valores en la formación profesional, implican el dominio de la disciplina, el compromiso con la verdad y el alto grado de responsabilidad ética. En esta gama de percepciones sobre los valores y principios fundamentales de la universidad, si bien los docentes muestran un conocimiento general al respecto, también muestran que el proyecto de reforma requiere que todo universitario conozca y se apropie de estos principios que dan vida a la universidad. En este caso, es claro que los docentes universitarios necesitamos revisar y profundizar sobre nuestra razón de ser.

Un principio que es necesario considerar es la autonomía universitaria, ya que si bien es considerada por los docentes universitarios, esta debe ser entendida con base a sus referentes como son: la libertad de academia, el libre pensamiento y la búsqueda de la verdad, y también puede extenderse hacia el individuo en sí mismo, y su propia capacidad de ser autónomo. El proceso de reforma considera velar por la autonomía académica y que ella predomine sobre cualquier otro criterio. Sin embargo, y retomando lo que otros estudiosos de la universidad se han preguntado (Ibarra, Porter, Ordorika, etc.) ¿hasta qué punto existe autonomía en una Universidad cuya dependencia del subsidio la lleva a aceptar los requisitos que acompañan al apoyo financiero y cuándo en lo general predomina lo político o lo administrativo-financiero sobre las decisiones que afectan a la institución?

La selección de conceptos extraídos de las respuestas van formando un entramado de reflexiones donde se percibe claramente un sentido hacia el *deber ser de la universidad*. En forma general, los entrevistados coincidieron en que los valores fundamentales para la formación del individuo, se siguen trasmitiendo de una manera u otra. Así también, se afirma que existen otros valores a los cuales se les está dando más pertinencia, como son el dinamismo, la colaboración, el trabajo en equipo, la participación, la creatividad y la espontaneidad; sin embargo, no se percibe el sentido de la autonomía, ni de la libertad política para que la universidad defina sus propios fines y se constituya en un espacio de crítica y de resignificación de la vida social. Esta pérdida de claridad en el deslinde entre autonomía y dependencia de la Secretaría de Hacienda, es la que se yergue como una amenaza al "sentido propio" que tanto nos interesa identificar.

### 3. ¿Considera que alguno de los valores están cambiando?

Los principios de la universidad no responden a temporalidades ni a determinaciones casuísticas, es una cuestión de actitudes que requiere reflexión, análisis, actualización, constante discusión, para que sean verdaderamente asumidas, es decir, para que no queden en simples declaraciones. Sin embargo, como ente vivo, el ámbito universitario se ha ido adaptando a las nuevas demandas, referidas al cambio cultural implicado por la modernidad y la globalización, provocando nuevas formas de acercarse a una realidad cambiante. Con todo, en esa adaptación no se debe perder el sentido de libertad, democracia, solidaridad, justicia social y la eficacia económica, que desde su origen la universidad privilegia.

### Coordinadores de área

➢ *Yo creo que los **valores no cambian**, son los mismos de siempre, yo pienso que los valores los dejamos de promover, los dejamos de lado o bien los tomamos. Digamos que cambia nuestra promoción de esos valores porque obviamente estos también tienen qué ver con el entorno y con el contexto* (C.A. 1).

➢ *Los valores se promueven de diferente manera, entonces un valor que no se promueva tiende a desaparecer. En la actualidad se habla más de dinamismo, de colaboración, de trabajo en equipo, de participación, de creatividad, de espontaneidad* (C.A. 2).

➤ *Al contrario se están fortaleciendo, aunque no deja de haber intentos de ciertos actores en estos procesos que quieren aprovechar para limitar estos derechos* (C.A. 3).

## Directores

➤ *Los valores están perdidos, bueno, no, están como devaluados, no sólo en la universidad, sino entre las persona; nosotros estamos rescatando esto a través de algunas de la unidades de aprendizajes nuevas, estamos tratando de rescatar, sobre todo los valores personales, el respeto, la honestidad, la confianza en sí, que son valores, entre otros, son valores que hay que seguir rescatando* (D. 1).

➤ *Sí, sobre todo los valores que tienen qué ver con las cuestiones ambientales, que tiene qué ver con el entorno del individuo, conservación, sustentabilidad, aprecio a la naturaleza. Cuando se fundó la reforma ésos no eran considerados* (D. 2).

## Coordinadores de programas

➤ *Apoyo social, el humanismo, y las cuestiones como el apoyo a la sociedad. La universidad está volcada a atender sobre todo las áreas más necesitadas del estado* (C.P. 1).

➤ *Sí fortalece. Los valores que ya estaban olvidados son retomados* (C.P. 2).

➤ *Creo que están cambiando mucho, de hecho, más bien no creo que estén en el consciente colectivo de la universidad* (C.P. 3).

## Docente

➤ *Los valores siempre están intactos, y siempre están puestos en la mira de lo que es la universidad y particularmente la nuestra, lo que creo que ha cambiado es la manera de querer acercarse a ellos* (d).

Al reflexionar sobre los principios fundamentales y valores universitarios, los docentes mostraron cierto desconcierto, las opiniones son encontradas, yuxtapuestas y en cierto sentido antagónicas. Es claro que les costaba trabajo relacionar a los valores en el proceso de reforma; los docentes perciben que éstos perdieron vigencia. De hecho, la mayoría de las respuestas son ambiguas y como para salir del paso. Dato interesante, pues algo fundamental en cualquier proceso de reforma es determinar quiénes queremos ser y eso nos los dan los valores, ya sean humanísticos y/o profesionales, si es que puede haber una separación entre ellos. Es claro que tenemos los valores fundamentales arraigados, sin embargo, los tiempos están accionando sobre el sentir y el actuar del docente. Hay algunos principios que están adquiriendo actualidad, como los principios de sustentabilidad y el apoyo social. En el proceso de reforma, de alguna manera, se retoman algunos y se promueven otros, por ello incorpora (y quizás lo haga mal) algunas unidades de aprendizaje (materias) que llevan a esta reflexión como son Bioética, Identidad y Sociedad Universitaria, lo cual no es malo, sin embargo, como que los valores o las cuestiones axiológicas deben de ser un eje transversal que el currículo debe considerar; aunado a esto, se debe de tener presente que los valores, para que existan, hay que vivirlos, promoverlos y actuarlos.

Los principales valores que deberían estarse promoviendo en la UP, son los de la democracia, es decir, los que elevan la auto-estima de los estudiantes como para permitirles llegar a tener una toma de posición frente a la realidad en que actúan, y defenderla. Esta toma de posición implica el conocimiento de opciones ideológicas, lo que requiere, a su vez entender la diferencia entre un modelo económico que los sitúa en el papel de "maquiladores" y otro que intentaría insertarlos en el mercado laboral. Un estudiante y un docente con valores, son capaces de asumir un "compromiso social" frente al entorno, y un "compromiso académico" ante su institución, que corresponde a lo que también se entiende por "involucramiento" de cualquiera de los actores de la educación superior con el proyecto y con el entorno social. Este tema se maneja en EEUU, y las escuelas sajonas, bajo el título de "character education". También existe una promoción oficial, al menos en el discurso, en las políticas, que intenta conservar o recuperar valores humanos "tradicionales", hoy en entredicho, o en clara contradicción con los valores propios "de la modernidad". Los valores que se tratan de inducir teóricamente, escolarmente, entran en directa confrontación/contradicción con las que se induce en el ejemplo del contexto cotidiano (consumismo, superficialidad, medios masivos, etc.).

Alentar el compromiso desde la educación implica una fuerte capacidad de **motivación,** lo que supone establecer una **atmósfera** positiva al cambio, que pasa por crear o consolidar **redes sociales** apropiadas y desarrollar **valores** de todo tipo, en particular dentro de una institución educativa; valores **organizativos** lo suficientemente poderosos como para ir transformando los rasgos de "irracionalidad" que predominan en toda organización. De hecho este tema nos obliga a reconocer lo racional y lo irracional que nos conforma. Argyris y Schön trabajaron la teoría del "double loop", una cosa es nuestra "teoría expuesta" (lo que declaramos en una entrevista) y otra cosa es la "teoría en acción" lo que hacemos. Una cosa es lo que decimos, y otra es lo que hacemos. Esto ayuda a entender las contradicciones y ambigüedades en el compromiso de algunos, frente a la irresponsabilidad de otros, o lo que es más complejo, una parte responsable y otra insensible en la misma persona. La "irracionalidad" en las personas, tanto como en las ideologías organizativas, es un rasgo común en la vida de nuestras instituciones, algo muy difícil de erradicar, en la medida en que juega un papel altamente funcional para la marcha de la organización y sus formas de acción. Es funcional también en un mundo de "seres imperfectos". En la búsqueda por sobrevivir bajo las difíciles condiciones y el ambiente de pasiva hostilidad que caracteriza a muchas de nuestras instituciones de educación superior, las organizaciones han creado determinados mecanismos de trabajo y comunicación que se han afianzado hondamente en ellas. Consecuentemente la defensa de dicha "irracionalidad", construida durante largos años, se opondrá a la "mente inteligente" que desea inducir reformas, cambios con sus nuevas "opciones" posibles, como puede ser el "compromiso social" (entendido este como cierta sensibilidad social, que busca "progreso" la oposición a la injusticia, a la exclusión, o simplemente a una sociedad más productiva, etc.), o el "compromiso académico" (entendido este simplemente como no abandonar los estudios, mantener buenos promedios, etc.). Sin embargo, el tema de "motivar compromiso", implica un tipo de liderazgo, de fuerza formadora que debe de considerar la coraza de protección construida palmo a palmo por los miembros de la organización educativa, lo que las ha convertido en organizaciones inflexibles o poco-flexibles.

## 4. En su opinión ¿la UAN sustenta los valores con los que fue creada?

La UAN como universidad pública sustenta los principios que el Artículo Tercero Constitucional proclama y que se mencionan en la primera pregunta. La respuesta vertida sobre la misma se presenta a continuación.

## Coordinadores de área

> ➤ *Seguimos siendo una **universidad pública**, y eso obviamente nos determina, seguimos siendo una universidad más unida a las clases sociales bajas* (C.A. 1).
>
> ➤ *Sí hablamos de formación educativa igualitaria y sí **hablamos de una inclusión de todos los sectores**; creo que estos valores siguen prevaleciendo como base fundamental de la universidad* (C.A. 2).
>
> ➤ ***Sí los sustenta**, aunque como comentaba no deja de haber grupos o actores que quieren limitarlos, pero la universidad es más grande que esos grupos.* (C.A. 3)

## Directores

> ➤ *Yo creo que sí **los sigue sustentando**. Si la gente de campo, de pesca, viniera a obtener el conocimiento de la universidad para luego llevarlo a su lugar de origen, si a eso le llamamos **valor**, que vengan a aprender de cómo obtener mejores beneficios del área donde se está trabajando, creo que si se toma eso como valor, los valores persisten* (D. 1).
>
> ➤ *No solamente **lo sustenta**, en estos momentos creo que esta contribuyendo con otras cosas más, como esto que le comento del **entorno**; estos valores cuando fue creada la universidad no estaban considerados y, en este momento es una parte importante de los valores* (D. 2).

## Coordinadores de Programa

> ➤ *Yo creo que **sí han estado cambiando**, cuando se inició la universidad toda la sociedad participó, inclusive yo creo que eso influyó para que se creara cierto tipo de universidad, pero también ha ido cambiado a través de las administraciones y del contexto social en que se mueve* (C.P. 1).
>
> ➤ *Como todo ente, como toda entidad, **como toda organización crece, evoluciona y se desarrolla** y, desde mi punto de vista, no sería congruente con las necesidades sociales actuales, si siguiera manteniendo los mismo valores, ya que los valores sociales en Nayarit han cambiado desde los setenta y tantos en que surgió la universidad, hasta el 2007* (C.P. 2).

> *Ideológicamente, a nivel de políticas que se plasman en documentos, yo creo que sí, eso es muy claro y coherente; ya en la realidad, en las actitudes y en las interacciones internas y externas, yo creo que no* (C.P. 3).

## Docente

> *Yo creo que sí, creo que los métodos han cambiado un poco, fundamentalmente sobre todo en el discurso; en lo escrito y en los resultados se señala que no han variado. Los resultados evidentemente van a estar modulados, insisto desde mi óptica, por como lo ejecuta y, con qué lo ejecutas; creo que sí son constantes* (d).

Las respuestas vertidas al respecto van en dos sentidos: la de los coordinadores de área y la de los directivos. Estos últimos, expresan que la universidad sigue viviendo los *principios* por los que fue creada, en tanto que la opinión de los coordinadores de programa y el docente, indican que los valores están cambiando o, en su defecto evolucionando. Esto se puede explicar al entender que los primeros tienen más de 20 años de antigüedad, y que a ellos les ha tocado vivir más la vida universitaria, en cambio los coordinadores de programa, que pertenecen a la nueva generación de docentes con una antigüedad no mayor de ocho años, para ellos los principios han cambiado. Hay que considerar que los principios universitarios actuales son los mismos, lo que ha cambiado es la nueva manera de aproximarse y apropiarse de ellos, además es importante que la nueva generación de docentes que conozcan la historia de la universidad para comprender estos procesos de transición. Es importante considerar que se mantiene el discurso oficial y en la práctica la universidad ha ofrecido una mayor apertura para incluir sectores sociales que habían sido marginados históricamente; sin embargo, el examen único de admisión sigue dejando a miles de estudiantes fuera de la universidad, sin ofrecerles ninguna alternativa para su incorporación.

La Universidad como todas las instituciones, es una institución simbólica. Para los rechazados, el no ingreso representa un atentado a su dignidad y a su calidad de vida futura, puesto que la Universidad a pesar de los cambios, social y tradicionalmente, significa un alto valor y un estatus como individuo o familia. De allí que haya que recordar que el paso por la universidad "dignifica". Lo hace incluso a aquel que desertó en el primer año. El fracaso no es más pesado que el hecho de haber llegado a la Universidad. Ese individuo siempre dirá: *"yo fui universitario...* *no terminé, pero llegué a la universidad"*. Es algo crucial en nuestra sociedad, y es un valor inherente a la Universidad que no ha cambiado aún, a pesar de campañas de desprestigio que en épocas de apoyo a la implantación de la educación privada se han venido presentando a través de los medios masivos de comunicación. En este sentido, la Universidad Autónoma de Nayarit es la máxima casa de estudio del Estado, lo anterior se presenta por la calidad de sus egresados, por la aceptación de ésta en todos los sectores, por su participación desinteresada, humana y civil con las diversas comunidades del estado, más aún por la calidad y calidez con que los estudiantes son recibidos; por todo el personal que en ella habita: docentes, administrativos y directivos

## 5. ¿Qué propició el proceso de reforma en la UAN?

En México, desde hace al menos tres décadas, existe la noción generalizada sobre la "crisis de la educación" (Gil Antón, 1999) que impregna al propio sistema educativo, al no dar respuesta a la tarea de capacitar productivamente y dotar de oportunidades educativas a todos los mexicanos. Crisis que vino en principio aparejada con el crecimiento vertiginoso del sistema educativo, que por atender cantidad perdió calidad; y más tarde, aunada a una política reduccionista del gasto en educación, comenzó a considerar a la educación superior y, en particular a la Universidad, como una inversión cuestionable, (Banco Mundial y Secretaría de Hacienda) que buscan formas que la hagan productiva y rentable; que no tenga necesidad de subsidios, es decir, que se procure su propios recursos (como hacen las privadas, aunque se apoya también con subsidios gubernamentales a las privadas en la medida que ante la congelación de las públicas, ellas son una opción). La reforma en la UAN se fue gestando a lo largo de las últimas décadas del siglo XX, y fue posible hasta el periodo rectoral del Dr. Castellón Fonseca, (1998-2004). En ese momento es cuando la universidad empieza a mostrar una cierta tranquilidad política que coincide con una fuerte presión por parte de las autoridades educativas federales para iniciar este proceso. Al contrario de lo que pasó en la UNAM y en otras Universidades Públicas, donde todo intento de reforma se topa con resistencias y postergaciones, la reforma en la UAN fue ampliamente aceptada tanto por la comunidad universitaria como por la sociedad, debido a que eran sensibles a la necesidad de cambio. Esto ocurrió por encima del hecho que ésta se implementó impulsada por las exigencias de las autoridades educativas de responder a los patrones internacionales de la educación y a la consolidación de un modelo de economía neoliberal en el país. A partir de este momento, se implantó un lenguaje oficial que exigía que la universidad mejorara la calidad y la pertinencia, la equidad y la cobertura, estas últimas propuestas sólo fueron planteadas en el discurso. En este contexto y de acuerdo al Documento Rector (UAN, 2002:2) el proceso de reforma en la UAN se inicia con las directrices de transformar el quehacer académico e institucional, y los de elevar la calidad y pertinencia de los programas educativos. Para lograr lo anterior en principio se llevaron a cabo sesiones de consenso a través de *foros de análisis* en donde participaron los sectores universitario, gubernamental, productivo y social. Aunque hubo cabildeo, de la noche a la mañana se definió desde el imperativo de los organismos hegemónicos el eje de la reforma que consistió básicamente en una educación basada en competencias desde una filosofía constructivista; se empezó a trabajar con grupos de especialistas y con actores de la UAN para conformar un grupo al que se le denominó de *diseño curricular*; posteriormente, se empezaron a realizar talleres con algunos miembros de la comunidad universitaria con el objetivo de iniciar el diseño de nuevos programas. Así, poco a poco, las decisiones y trabajos fueron quedando en manos de pocas personas, comités y grupos seleccionados, mientras que el grueso de los actores universitarios no tuvo la menor participación.

## Coordinadores de área

➢ *La parte académica se iba perdiendo, como que nos iba ganando, no la parte administrativa, a la mejor la parte política de la institución. Somos una institución de educación y por lo tanto la academia es la que debe regir en las decisiones de la universidad* (C.A. 1).

➢ *Creo que fueron varios los factores: uno fue la promoción de nuevos estilos de enseñanza y de aprendizaje, y otro la urgente necesidad del cambio, esto debido a que el modelo educativo que seguía la universidad, hasta esos años, ya estaba siendo obsoleto; ya estaba siendo rebasado por esta nuevas formas de estructuras académicas que van centradas en el aprendizaje* (C.A. 2).

➢ *La necesidad de actualizarnos. La universidad no había sufrido ningún cambio fundamental en su política educativa, prácticamente desde que nació. Creo que la necesidad principal de la reforma fue precisamente actualizar todos los aspectos universitarios a las necesidades de la época moderna, tanto en lo normativo como en lo educativo* (C.A. 3).

## Directores

> *Teníamos varias necesidades, sentíamos que **si no nos renovábamos estábamos destinados a la muerte;** la universidad necesitaba cambiar el modelo que tenía. Con relación a los recursos económicos se presentó la oportunidad para acceder a ellos, no de la manera que quisiéramos, pero en buena medida hemos avanzado* (D. 1).

> *Cada rector tiene siempre un plan, un programa, algo que quiere ofrecer a la universidad. Cuando llegó el rector Castellón, implementó el plan de desarrollo. En seguida hubo **una serie de factores externos**, que si no lo obligaron directamente a hacer los cambios, por lo menos aceleraron el proceso, como fue la cuestión de las restricciones presupuestales hacia la universidad, por parte del gobierno del estado y el gobierno federal, que cuestionaron enérgicamente, el papel de la universidad en su entorno* (D. 2).

## Coordinadores de programa

> *Yo creo que lo que propició la reforma fue la situación de que los estudiantes tenían **una baja calidad académica**, eso era palpable y muy patente en los egresados. Por otro lado, las obligadas reformas que solicitaba la SEP* (C.P. 1).

> ***Fue una necesidad.*** *Yo creo que la universidad necesitaba o pedía a gritos un cambio, no sólo respecto a la imagen que la sociedad nayarita tenía de su universidad* (C.P. 2).

> ***Fue una necesidad,*** *fue como subirse al tren de los cambios que ya estaban ocurriendo en muchas universidades del país y del mundo; fue como una estrategia para que la universidad **empezara a transformarse**; en ese sentido me parece bueno, porque de esa manera la universidad empezó a **allegarse de más recursos*** (C.P. 3).

## Docente

> *La reforma fue propiciada por la percepción que se tenía del bajo nivel académico. En este aspecto, los organismos internacionales de alguna manera sí influyeron enormemente en el trazado de hacia dónde debe ir la vocación universitaria*

*en nuestro país. Esto coincidió con la situación política que prevalecía en la universidad y en el estado de Nayarit* (d).

El denominador común encontrado entre los docentes universitarios cuando hablan respecto a lo que propició la reforma, fue la necesidad del cambio; asimismo hacen referencia a la urgencia de adecuar la formación de profesionales a la demanda del mercado laboral tanto nacional como internacional. De esta manera se habla de reforma cuando:

a) Es necesario innovar;
b) Se incorporan nuevos contenidos o nuevas pedagogías al pretender mejorar los estilos pedagógicos dominantes;
c) Se busca la mejora de la calidad con fines de recaudar más recursos de las instancias gubernamentales;
d) Se busca la transformación de los procedimientos de gestión interna de los centros universitarios con la finalidad de acceder a recursos federales;
e) Se procuran cambios en la organización escolar y en los mecanismos de control.

Lo que no consideraron los docentes fue que la reforma, además del sentido de transformación y de cambio, exigió de ellos una revisión de sus concepciones previas, la puesta en práctica de nuevas tácticas pedagógicas, un reacomodamiento de su imagen personal y un cambio en las condiciones objetivas en las que desarrollaban su práctica profesional. Se percibe que el proceso de reforma no fue inclusivo para la mayor parte de los docentes ya que en ningún momento fueron partícipes de ella y, aunque fue un imperativo, la reforma responde a las exigencias de las autoridades federales, y la misma se realizó con la participación únicamente de las élites de la universidad. De acuerdo con esto, una primera condición de una reforma transformadora de la universidad sería la de clarificar qué retos concretos plantea y en qué medida, con quiénes y con qué piensa conseguirlo, detalle que no fue muy claro durante el inicio y proceso de la misma debido a que esta fue impulsada desde afuera, lo que de acuerdo con Gimeno (1998) la reforma, hasta estos momentos, sólo ha servido para contribuir a la confusión: "es necesario que todo cambie para que todo siga igual". Cabe mencionar aquí que en estos procesos se hace evidente lo que se conoce como "capacidad de proyecto" de la planta académica. (Porter, 2003)[4]. Un proyecto de reforma efectivo es aquél que aterriza sus

---

[4] El concepto de "capacidad de proyecto" es eje central del libro en preparación "La Universidad de Papel – 2" que se dedica a los procesos de

propuestas en políticas concretas, muchas veces resumidas a ciertas líneas básicas de acción. Por ejemplo, una estrategia para "aprender a escribir en la Universidad" podría constituir un elemento presente en las propuestas de cambio curricular (en un nivel donde este problema es álgido y urgente de enfrentar). En lugar de aterrizar en acciones concretas, la reforma pretende abarcar tantas cosas que termina no abarcando nada. Recordemos que este afán por lograr cambios generales a partir de visiones macro, en una realidad tan compleja como es la Universidad, siempre terminará en la elaboración de documentos que asumen la forma de "cartas a Santa Claus" que en acciones concretas que guíen y cambien la conducta de la comunidad.

## 6. ¿Cuál es la filosofía de la reforma?

Si la Reforma Universitaria es un proceso dinámico cuya finalidad es la de crear un nuevo espíritu universitario y de devolver a la Universidad la consciencia de su misión, su dignidad y el prestigio perdido (Korn, 1921), y si la filosofía es una forma de vida y una actitud frente a la existencia, es decir, un modo de ser, entonces la filosofía de la reforma debe recuperar los fines universitarios y conducir a sus actores a vivir sus principios, sus valores, sus procedimientos, su trabajo y su convicción de ser; baste recordar el Artículo 3° de nuestra Constitución que dice: "la educación que imparta el Estado tenderá a desarrollar armónicamente todas las facultades del ser humano….". En este sentido:

> *La Universidad Autónoma de Nayarit propone la formación de un ciudadano socialmente comprometido, con sentido de comunidad, la formación de un ciudadano justo, pero también competente; con altas capacidades técnicas para solucionar los problemas regionales y crear bienes económicos y profesionales que enfrenten el desafío de la modernidad.*

Considerando lo anterior, la reforma universitaria implicó:

> *a) Un concepto diferente de las profesiones, para lo que se plantea una currícula flexible.*

planeación en las UPs.

*b)* **Un concepto diferente del papel que desempeñarían el maestro y el alumno.**

*c)* **Diferentes relaciones en la producción y asimilación de conocimientos al interior de la universidad.**

En suma, una relación que tiene que ir más allá de la crítica de fácil politización, a fin de acceder a una libertad enteramente productiva que afirme el papel del sujeto en la sociedad. El sujeto no se insertará sólo en unas relaciones de producción previamente dadas; sino que tomará eso dado en posesión de unas reglas de competencia que pueden permitir la modificación de la realidad (Mancillas, 2002). En el caso de un reforma institucional, las políticas son los principales medios, no los docentes, especialmente si tenemos en cuenta que la política se "construye cotidianamente con otros", de allí es que comparto que "es un error pensar por un lado y actuar por el otro (las políticas) de un modo separado" (Ibarra y Porter, 2007), pues sólo podría llevarnos a eso mismo, "a la división como comunidad". A menudo, actuamos conforme a planes diseñados en lo macro, seguramente esto crea tensión entre el "deber ser y el ser". Tensiones que si no se reducen hacen tambalear, tarde o temprano, las legitimidades de origen que pudieron tener esos planes de reforma, deslegitimándose durante su implementación. Cuando la política no se nutre del "día a día", de las necesidades realmente sentidas, sólo quedan como herramientas obsoletas que deberían reemplazarse antes que las instituciones se rebelen. Esto no significa ausencia de política, saber hacia dónde se va, lo que implica <u>consensuar</u> metas con la comunidad y que estas metas estén planteadas en términos concretos, no en generalidades abstractas. Factiblemente si nos situamos en cada universidad, los órganos representativos tienen aquí una importante función como "mediadores". En ellos debería resonar el "eco de las diferentes voces de la comunidad", (Habermas, 1990), independientemente de que en el momento de la decisión se priorice una línea de acción, las demás voces no deben ser ignoradas. Por todo ello coincidimos con el Dr. Porter cuando dice que no se puede esperar a actuar hasta que no hayamos pensado qué hacer, pero ¿qué sucede mientras? Pensamiento y acción deben ir juntos para que la "formulación y la implementación sean legítimas". Por supuesto, esto implica un cambio sustancial en el modo de pensar la planeación y las reformas de la educación. Requiere más esfuerzo y sin lugar a dudas, sinsabores; porque tendremos que enfrentar, con buenos argumentos, al que piensa distinto para consensuar decisiones, acciones y logros. Resumiendo, se prioriza lo "efectivo en la implementación de las políticas» y los diferentes tipos de líderes conformes a estas políticas, que podrían concretarse si las "declaraciones de misiones" no fueran el producto de "visiones" de políticos, funcionarios y asesores de turno, sino más bien, un proceso productivo y continuo, dinámico y flexible que "enfatice en lo colectivo y no en el conductor". Aquí, podemos encontrar una paradoja en descentralizar la educación para, luego, "centralizarla en algunos", que no necesariamente representarán la misión de la IES. La racionalidad artística de Schön consiste en crear nuevos diseños y pensamientos, sin desperdiciar los materiales que tenemos a mano y que son de utilidad. Lo cierto es que el paradigma dominante en la planeación en México pone su énfasis en el "deber ser", independientemente de lo que acontece en la realidad (el "poder ser"). De allí el énfasis que se pone en el plan de reforma como documento impreso y en sus prescripciones. La Universidad tiene que haber aprendido de su pasado, de su desarrollo, de sus crisis, de su momento actual y de lo que esperamos de la reforma, que representa la toma de conciencia de lo que es aprender siempre y que este aprendizaje sea "reflexivo y cuestionador" para que, basado en lo vivido, realmente construya nuevos mundos. Lo innovador siempre demandará más sacrificios.

## Coordinadores de área

> *"La academia debe tener su propia estructura, sus propios órganos que le permitan el desarrollo académico"* (C.A. 1).
> *"La filosofía es hacer de nuestros estudiantes más críticos, más analíticos, más profesionales, más con una visión social"* (C.A. 2).
> *"La filosofía de la reforma debe consistir en acercar la formación de recursos humanos, a un modelo educativo más innovador, más autónomo, con una mayor libertad en la adquisición de conocimiento tanto por el estudiante como por los profesores"* (C.A. 3).

## Directores

> *Pienso que va al rescate de valores, a la apertura de mejores espacios para el desempeño de sus egresados* (D. 1).
> *Nosotros fuimos privilegiando el modelo académico por competencias, por un modelo académico flexible, dando apertura a más opciones de titulación y además hay varias cosas que se quedaron en el tintero, que todavía no se han podido desarrollar* (D. 2).

**Coordinadores de programas**

> *Se supone que es buscar la **pertinencia de los programas académicos y ofrecer más oferta educativa**, que entren más estudiantes a la universidad, y que egresen con una mayor calidad para que estos puedan encontrar trabajo* (C.P. 1).
> *Yo creo que es **la flexibilidad*** (C.P. 2).
> ***No podría decir si tiene una filosofía esta reforma;** todo mundo dice: tenemos que cambiar para mejorar. Lo que tenemos que mejorar está muy centrado en los indicadores que ya conocemos, pero como algo más concreto, que no lo podría identificar ahora* (C.P. 3).

**Docente**

> *La filosofía de esta reforma, indudablemente es el **mejoramiento académico** a través de rescatar lo que se pelea como fortalezas en la forma cotidiana de dar, de hacer academia y meterse en una dinámica donde la participación del estudiante, que ya no alumno fuera más proactiva para lograr, de esa manera, dar un giro que permita la elevación del nivel académico* (d).

Como se puede ver, cada uno de los entrevistados tiene una percepción diferente de "la filosofía de la reforma". Lo anterior puede interpretarse debido al posicionamiento que cada uno de ellos defiende dentro de la universidad, sus unidades académicas, o bien a intereses particulares. Ahora bien, ¿cómo evitar que los propósitos de la reforma sean desviados por los intereses particulares de cada uno de los actores que participan en ella? Lo anterior, tomando en consideración que los docentes universitarios no han reflexionado sobre los fines de la universidad y cómo deben ser reconsiderados para devolverles lo que Korn llama "*la dignidad de la universidad y la recuperación de su prestigio*".

## 7. ¿Qué valores transforman esta filosofía?

Transformar los principios fundamentales de la universidad implica que la reforma los reconoce y los reactiva, por lo que deben estar explícitos en los documentos y vivirlos cotidianamente, esto es, el ser universitario es una forma de vida, es una búsqueda de la verdad diaria, es autoeducarse, es ser promotor diario de cultura y es estar investigando diariamente, sobre todo aquello que lo involucra.

## Coordinadores de área

> *Los valores de la reforma responden a los valores educativos, a las circunstancias sociales y, sobre todo, al entorno en el cual estamos inmersos; vemos que sí, que la reforma está promoviendo el **trabajo colaborativo, la responsabilidad, el ser reflexivos,** el tener mayor preferencia por algunas otras actividades como **el cuidado del medio ambiente, como la integración al trabajo y a la vida social; ser más sensible y el tener mayores oportunidades de convivencia social** (C.A. 1).*

> *Más que transformarlos nos permite el tener mayor claridad acerca de ellos, porque los valores no se pueden transformar; más bien nos dan mayor libertad y claridad. (C.A. 3).*

## Directores

> *Los valores nos han estado guiando para beneficio, (a lo mejor soy muy romántica, siempre pienso que es para beneficio) incursionamos en tantas cosas que la gente se olvida de sí misma (D. 1).*

> *¿**Los valores de equidad, el medio ambiente?,** no conozco, toda una serie de elementos que no tengo un listado de valores, y que la atención debe estar dirigida al estudiante (D. 2).*

## Coordinadores de programas

> *En lo que mi respecta creo que los valores de la universidad más bien se **centran en la atención a la sociedad y en las cuestiones humanas;** pero creo que igual, nos quedamos en el intento, en los proyectos, me parece que no llegamos más allá (C.P. 1).*

> *Entre los valores no considerados está la **interculturalidad** y dentro de lo flexible que puede ser, este **modelo permite***

*estudiar a gente que tenga capacidades diferentes, o bien, que pertenezca a otras razas o culturas* (C.P. 2).

➤ *"Escrito yo creo que sí está; más bien sí está, la cosa es lo de siempre, el cómo lo ha entendido cada quien, qué ha hecho con eso y en qué punto estamos; si los vemos por área, por departamentos administrativos, por sindicatos, o cómo los veamos, todos estamos en un nivel distinto"* (C.P. 3).

**Docente**

➤ *"Yo creo que los mantiene y los reactiva… No se trata de ir a decirles: "estos son los valores", sino hay que tenerlos, y que actuar conforme a ellos. Esto nos lleva a la discusión de cómo plantear y cómo manejar esto de los valores…* (d).

Cómo se puede observar, los docentes insisten en que los valores deben mantenerse vivos, pero que hay que incorporar nuevos valores tales como: la interculturalidad, la protección al medio ambiente, la atención a la población de estudiantes con capacidades diferente, etc. Como lo explica el docente son una forma de vida, y se agregaría que deberían de ser una *filosofía de vida*, lo cual necesariamente nos tiene que llevar a discutir cómo llegar a ellos, cómo plantearlos en la reforma y, sobre todo cómo vivirlos y transformarlos en una actividad cotidiana por parte de todos los actores universitarios.

## 8. ¿Cuál es el tipo de ciudadano que la universidad pretende formar con esta reforma?

Si se parte del supuesto del Artículo 3° Constitucional que dice: "la educación que imparta el Estado tenderá a desarrollar armónicamente todas las facultades del ser humano…", entonces el precepto que debe llevar a centrar la actividad educativa es la transformación del ser humano considerado como un todo, esto es, que todas las facultades humanas sean atendidas de manera equilibrada. Premisa que se retoma por el Documento Rector (UAN, 2002:6). Se trata de desarrollar armónicamente las facultades del ser humano a través de una formación integral. Entendiendo al sujeto estudiante en su totalidad y en concordancia de su contexto histórico, cultural, económico y político, teniendo en cuenta sus valores, emociones, intelecto, afecto, razón, aptitudes y actitudes en una visión holística y multidimensional del ser humano. (ANUIES, 2002:84)

## Coordinadores de área

> *Nosotros pensamos que podemos formar ciudadanos que pudieran desempeñarse en cualquier contexto y de allí fomentar su **autoformación y autodesarrollo*** (C.A. 1).

> *Básicamente, formación de profesionales, **descuida un poquito la formación del ciudadano*** (C.A. 2).

> ***Formar a un ciudadano más libre, autónomo, menos dependiente de los paternalismos tradicionales, más innovador** que ejerza la profesión libremente. Un ciudadano más consciente, responsable con el desarrollo de su entorno y sobre todo, que sepa identificar los problemas que limitan el desarrollo y que busque resolverlos* (C.A. 3).

## Directores

> *Un ciudadano que **pueda resolver los problemas fundamentales;** y si hablamos en el área de Odontología, para mí, el ideal debe ser un profesional, que pueda resolver no sólo los problemas del paciente que atiende, sino a su entorno familiar o, derivarlos hacia otros medios que se los resuelvan; así también que ejerza de manera masiva el servicio odontológico* (D. 1).

> ***Comprometidos con la universidad y con su medio.** El profesionista debe ser pertinente con una serie de valores internos, comprometidos con su universidad y con su entorno* (D. 2).

## Coordinadores de programa

> *Se está pensado en nivel académico, pero **a nivel de ciudadano, no me parece*** (C.P. 1).

> *Creo que la universidad lo que pretende es **formar un ente capaz de transformar su entorno, de entender los problemas sociales** en el cual se va a desenvolver, obviamente en el marco de los valores éticos y morales* (C.P. 2).

> *Está plasmado con toda claridad, **ciudadanos con conciencia crítica, reflexivos, propositivos, capaces de incidir en la transformación del entorno*** (C.P. 3).

**Docente**

> *Formar un individuo con sensibilidad social, con un cúmulo de conocimientos, y una serie de habilidades, destrezas, aptitudes, que le permitan insertarse en el mercado de trabajo, pero también en la problemática de su entorno, llámese ciudad, región o país; debe ser una persona capaz de producir en todos los sentidos, no sólo en el aspecto económico. Debe entenderse que estamos en un mundo que debemos manejar de una manera tal que permita el bienestar para todos* (d).

En lo general hay una percepción clara del ciudadano a formar, acorde con los fines de la educación y de la universidad, tal y como está contenido en la misión y visión de ésta. En lo general, hay una visión dividida entre el instruir o capacitar para el trabajo profesional, y el de su formación ciudadana. Es claro que la universidad está orientada a la formación profesional desde una manera holística e integral, pero sin embargo, los hechos muestran una formación profesionalizante. En lo general y al menos en el discurso, el maestro está de acuerdo en la formación integral, habría qué ver si en la práctica esto se lleva al cabo.

## 9. ¿Toma en cuenta el proceso de reforma las necesidades regionales?

El debate sobre la universidad del siglo XXI gira alrededor de si:

a) La formación de profesionales responde a demandas sociales para generar beneficios económicos y culturales para la sociedad en su conjunto, o

b) La universidad debe alzarse sobre los problemas y mirar el horizonte más lejano del porvenir (Fuenmayor, 2001:35).

Ahora bien la universidad inicia su proceso de reforma considerando principalmente dos documentos:

a) El Plan de Desarrollo Institucional 1999-2004 (1999:34), el cual propone como visión para la universidad: "formar individuos que contribuyan a la *solución de los problemas más apremiantes y propicien el desarrollo de su entorno*".

b) El Documento Rector (UAN 2002:2) que da vida al proceso de reforma considera que la primera razón que impulsa la transformación de la universidad es elevar la calidad y pertinencia de los programas académicos, con el fin *de coadyuvar a una sociedad más y mejor educada.*

Ambos documentos implican educar individuos con un fuerte compromiso social y que, de ninguna manera, deben de estar al servicio o al capricho del sector público y privado; más bien, deben estar al servicio de la sociedad. Así pues, "la universidad en su compromiso social debe responder a los momentos históricos y los espacios geográficos que la rodean en las dimensiones ética, política, económica, jurídica, que le sean de su competencia; en este sentido podemos decir que la universidad está al servicio de los intereses de la comunidad; a ella le corresponde la orientación y reorganización de la acción en la búsqueda del bienestar social" (Esquivel, 1998: 7).

## Coordinadores de Área

➢ *Específicamente no está planteado, estamos nosotros planteando **un profesional que se pudiera desarrollar en cualquier contexto*** (C.A. 1).

➢ *Con referencia a la calidad de los alumnos, si hacemos un corte transversal vemos a nuestros alumnos con otra dinámica, con otra forma de pensar, que sí definitivamente impactarán con el medio que nos envuelve, que nos rodea, **porque al hacer un profesionista más analítico, critico, argumentativo, participativo, nos va a dar la oportunidad de transformar también a la sociedad*** (C.A. 2).

➢ *La universidad centra todo su proceso de planeación educativa en el entorno. **Este entorno podemos irlo dimensionando de acuerdo a nuestra capacidad de impacto; sin embargo nuestro propósito principal es que nuestro impacto sea regional*** (C.A.3).

## Directores

➢ *Específicamente no está propuesto. Estamos nosotros planteando un profesional que pudiera desarrollarse en cualquier contexto; no necesariamente que trabaje únicamente en nuestro propio estado, sino en otros contextos como el de la globalización* (D. 1).

➤ *El sector privado, los industriales reclamaban que la universidad no tenía precisamente una injerencia, y que no era un actor importante en el desarrollo del estado de Nayarit. Los universitarios decíamos que quienes tenían que fomentar esto eran los mismos industriales, el sector privado, generando el trabajo para los estudiantes. Ellos decían que los egresados de la universidad no salen con formación académica suficiente* (D. 2).

## Coordinadores de programa

➤ *Yo supongo que sí hay un cambio académico; al **elevar la calidad académica eso va a repercutir a nivel social;** por una parte, es necesario que se mejoren las ofertas de trabajo, que se amplíen para que a su vez los egresados puedan elevar la productividad del estado, y puedan generar nuevas perspectivas de trabajo, es decir, nuevas formas de desempeño profesional* (C.P. 1).

➤ *En lo personal fue un conflicto que se tuvo con los estudiantes, al darle un enfoque principalmente regional. En las currícula consideramos que había **que darle prioridad a aspectos más regionales como son las ventas de servicios, ya que en el mercado regional es en el que nos desenvolvemos*** (C.P. 2).

➤ *Yo creo que no; por eso decía que la intencionalidad original fue subirse al **tren de los cambios** que ofrecía como gran promesa, lo cual sólo estamos viendo parcialmente; por ejemplo: mejorar la infraestructura y tener más recursos. Ahora con relación a la parte de **atender las necesidades regionales, vemos esfuerzos muy aislados, pero como un conjunto organizado y de una intencionalidad clara de la universidad, definitivamente no*** (C.P. 3).

## Docente

➤ *Nos encontramos con una contradicción, **responder sólo a las necesidades regionales o bien formar un individuo capaz de ser útil en un mundo globalizado*** (d).

Como se puede observar, aunque las respuestas son diversas, hay una concepción de servicio hacia la región; sin embargo, también se infiere que la universidad no debe circunscribirse sólo a la formación técnico-profesional de sus estudiantes, por más que ésta sea la demanda principal del gobierno y del sector productivo, sino que su misión además de la formación técnico-profesional, ha de ser esencialmente humanista, eso no se debe perderse de vista. Fuenmayor (2001:35), explica que las múltiples e imperiosas exigencias del presente desbordan la misión universitaria, la confunden y le imponen un fardo extraño en su esencia y paralizador de su empeño. Esa misión "presentista" que tan insistentemente le quieren conferir a la universidad es ajena a su verdadera finalidad. Habría que reflexionar al respecto para no darle mayor peso del que ya tiene.

## 10. ¿Cuál es el papel del humanismo en la reforma?

El PDI (1999:16) refiere del humanismo lo siguiente: "Los ideales que conforman la nación mexicana, de libertad, respecto a la dignidad humana, fraternidad y amor a la patria, se han incorporado como principios fundamentales de las actividades académicas institucionales, toda vez que los universitarios somos una fracción de la sociedad a la que se le ha encomendado la alta tarea de generar, preservar, difundir y aplicar el conocimiento para el engrandecimiento y el bien común, principios éticos que demandan una visión orgánica equilibrada de la vida y el universo, así como el combate a la ignorancia, la servidumbre, los fanatismos y los prejuicios. Para entender un poco la idea de la pregunta se parte de que el humanismo hace referencia a la recuperación y revalorización del ser humano, al ser social, en donde el fin propio de la persona es su realización. A la universidad le compete la formación de los jóvenes universitarios de hoy que serán los constructores de la sociedad del mañana, como dice Antonio Caso, "ciudadanos capaces, seres dignos de merecer el nombre de hombres" (Esquivel, 1998). Este es el humanismo que debe rescatar la universidad; el que se proyecta hacia la búsqueda del ser y del quehacer humano:

> "el ser humano dispone de un enorme caudal de posibilidades, de una energía latente capaz de manifestarse en múltiples sentidos y realizar, en cada uno de nosotros, los eternos paradigmas de la justicia, la belleza o el bien" (Caso, 1972).

## Coordinadores de Área

> *Los organismos acreditadores hicieron una serie de recomendaciones, entre ellas, decían que los programas de las ingenierías no tenían ninguna unidad de aprendizaje –materias- correspondiente a las ciencias sociales; **era producir sólo técnicos, para que fueran a la sociedad como robots, en el currículo somos técnicos...** (C.A. 1).*

> *Si hablamos de lo que es humanismo en términos exactos, corresponde a la igualdad y no necesariamente a la democracia; nos habla del grado de empatía que debemos tener con otra persona; del respeto del **trato diferente, y, en general, tomar más en cuenta a la otra persona** (C.A.2).*

> ***La reforma es humanista;*** *uno de los principios que se promovieron durante todo el proceso de la reforma fue rescatar el carácter humano de la persona; no verlo como objeto de transformación, sino como sujeto social y responsable (C.A. 3).*

## Directores

> *Estamos dedicados a involucrarnos con la gente; **siempre estamos platicando de la calidad y el buen servicio; pero si no lo hacemos con calidez, la parte humana, no está completa** (D. 1).*

> *No sé (D, 2).*

## Coordinares de programas:

> ***En el papel sí está indicado, pero a mí me parece que nos falta muchísimo en la práctica;*** *creo que es una de las áreas que poco se ha trabajado, o casi nada, porque también se va a la parte académica (C.P. 1).*

> *Pues **no como se debiera,** creo que por el crecimiento social o por la tendencia del sistema, ha sido dejado de lado (C.P. 2).*

> *Yo **creo que sí hay un esfuerzo importante;** yo elogio el hecho de que se decidió, mal, pero se decidió al fin generar una licenciatura en filosofía. Eso le da otra visión a la oferta universitaria (C.P. 3).*

**Docente**

➢ *Es la posibilidad de hacer sentir al estudiante que no sólo está aquí para adquirir conocimientos, sino que responda al entorno social de donde proviene; las universidades públicas están obligadas a regresar sus productos a la sociedad* (d).

En las respuestas dadas se encuentran dos posturas bien definidas: i) aquellas en donde no se considera la formación humanista y ii) las que ponen énfasis sobre ella. Esto requiere espacios de reflexión porque no se debe olvidar que, la educación, que imparte la universidad está centrada en seres humanos, en personas, con tres dimensiones cuerpo-mente-espíritu, por lo que hay que formarlas de manera integral y, en este sentido, esta filosofía busca generar seres humanos dinámicos, responsables y comprometidos a través de un proceso donde los docentes y estudiantes se involucran activamente en una atmósfera de igualdad, con participación que conduce a la espontaneidad, al pensamiento creativo y al trabajo autodirigido (López, 1998).

## 11. ¿Cómo retoma la reforma la formación democrática?

El Artículo 3º Constitucional indica que la educación será democrática. La democracia es por un lado una estructura jurídica y por otro, es un régimen político, y finalmente, lo más importante, es una forma de vida. Si observamos estas tres dimensiones podemos ver que estas también existen en la universidad: la universidad se rige por estatutos jurídicos, que los crea y los renueva, aunado a que hay un ejercicio de elección de sus autoridades y representantes. Por lo anterior se supone que la universidad es un buen lugar para enseñar y aprender la democracia.

**Coordinadores de Área**

➢ *Es una forma de vida y creo que la formación democrática sí se promueve, pero no depende exactamente de la pura institución, se tiene que ser democráticos en la toma de decisiones en nuestras propias casas, y a la mejor nosotros la podemos sembrar en nuestra institución, de esta manera esperamos que el alumno responda en otros contextos a esa educación democrática* (C.A. 1).

> *En México está muy relacionada con la competencia; el ser competente o competitivo, el ser una persona que lleva a demostrar que tiene una inclusión en un proyecto, lo lleva a pelear hacia esa democracia, a estar demandando y solicitando democracia, a no ser sumiso.* (C.A. 2).

> *Al propiciar un ambiente de aprendizaje autónomo, en la medida en que el individuo se da cuenta que puede ser él el responsable de su propio aprendizaje, en esa medida va adquiriendo más autonomía, lo vamos volviendo menos dependiente de aquel que se sustentaba como dueño del conocimiento* (C.A. 3).

## Directores

> *Yo creo que sí; creo que el examen de admisión ese sí es democrático, mientras no haya manos extras que intervengan* (D. 1).

> *No sé si la reforma como tal. La reforma privilegia la creación de cuerpos colegiados. Se suponía que el modelo anterior era muy vertical, muy piramidal, de alguna manera siempre las decisiones eran muy directas y entonces la reforma genera un proceso de transición hacia la formación de cuerpos colegiados. De esta manera implica un proceso de democratización, en el sentido de privilegiar los órganos colegiados y los consejos coordinadores académicos. En la formación académica de los estudiantes hay unidades de aprendizaje (materias) que promueven en forma específica y directa la formación democrática* (D. 2).

## Coordinadores de programa

> *Se supone que planteamos un cambio también administrativo y significa **un cambio en las relaciones de poder;** igualmente en el discurso se sugieren algunas transformaciones hacia una universidad más horizontal, sin embargo, en la práctica se sigue dando **un liderazgo vertical,** donde los círculos de poder tienen la última palabra* (C.P. 1).

> *Al hablar **de un modelo flexible**, de una interrelación entre las diversas unidades académicas y los diversos profesores que la integran, creo que se **pluraliza** y al pluralizar se está*

*democratizando; en este sentido, el modelo al ser más flexible es más democrático* (C.P. 2).

➢ *No creo que esté presente en la universidad en forma alguna; ni si quiera en las carreras por antonomasia, lo que conozco me parece que se están formando en el conocimiento de las políticas partidistas y electorales pero no para la democracia* (C.P. 3).

**Docente**

➢ *Vivimos en una sociedad antidemocrática y ha permeado a fondo en el ambiente universitario, un buen eslogan sería: "la universidad lugar de la democracia", porque pienso que la universidad, y más en un estado como el nuestro, es la institución de más alto nivel en cuanto a valores, a conocimientos, a cultura, y si no lo es, debería de serlo, de aquí debería salir la gente mejor pensante de la sociedad y por lo tanto, la gente más democrática; sin embargo, la reforma poco ha contribuido a la democracia, primero al interior de la universidad y, enseguida, en la democracia estatal o local.* (d).

El sentir de los docentes muestra la convicción de que no se vive ni se reflexiona en torno a la democracia; dudan que la democracia se esté dando en el proceso de ingreso a la universidad y, otros más, lo relacionan con los nuevos órganos de gestión que pretenden ser horizontales, pero, en la práctica no lo son. La democracia universitaria debe ser un sistema en el que todos tienen acceso a los satisfactores con igualdad y con libertad. En cambio, los que comentan que se vive un proceso democrático dentro de la universidad, se refieren a que se tiene un modelo flexible y a que el proceso de aprendizaje no está coartado por procesos ideologizantes.

## 12. ¿Cuál es el papel de la reforma en el compromiso con la verdad?

Para que la Universidad sea el lugar adecuado en el desarrollo de la ciencia y la cultura, se requiere la búsqueda de la verdad, sin parcelaciones ni reduccionismos y desinteresadamente; una verdad que debe orientar el sentido último de la existencia del hombre y la mujer. La mentalidad tecnocrática, niega que la verdad transcienda los datos empíricos; erradica todo respeto a lo real, incluso al hombre mismo, al dejarse llevar por la lógica del dominio y de la manipulación, que pone como fin último la consecución del lucro económico y la racionalidad del progreso. Así mismo, el relativismo cultural, considera insuperable la disparidad de planteamientos éticos en función de la diferencia cultural, por lo que la Universidad debe contribuir a una labor universal que quite barreras que dificultan el entendimiento mutuo y la comprensión de la interculturalidad.

## Coordinadores de área

➢ *Como personas dedicadas a la academia tenemos presente lo de buscar o de enseñar la verdad y que sea lo que fundamente la toma de decisiones. No podemos alejarnos de la verdad como sentimiento ni como esencia del pensamiento científico* (C.A. 1).

➢ *Cuando el alumno se hace crítico, se convierte en una entidad analítica y de esta forma se acerca más a la verdad, es decir, a la verdad de la ciencia y no al discurso áulico del maestro. El alumno investiga, propone, construye, edifica, verifica, experimenta, elabora criterios y tiene una idea más precisa y exacta de las cosas* (C.A. 2).

➢ *La universidad no debe estar motivada por ningún prejuicio. Los profesores y los estudiantes se mueven libremente en la sociedad del conocimiento con el respeto a la normatividad y a la capacidad de la infraestructura que la administración puede ofrecer a la comunidad universitaria* (C.A. 3).

## Directores

➢ *Mi compromiso con la verdad nace desde que tengo uso de razón, me lo inculcaron en mi familia y porque creo que cuando se empieza a mentir, luego hay que agregar más para sostener la primera* (D. 1).

➢ *La pregunta es impactante desde la perspectiva del deber estar y ser del estudiante universitario. Los valores son un compromiso fundamental en la que participa la universidad como proponente y el estudiante como el receptor de la verdad, con la cual elaborará sus propias actitudes* (D. 2).

## Coordinadores de programa

> *Primeramente, cuando hablamos de la verdad, estamos hablando de la verdad de alguien. Hay un papel que dice cómo, pero realmente no plantea en la realidad, cómo los profesores tienen que modificar su práctica; además esto implica si es su deseo modificar su práctica* (C.A. 1).

> *La verdad es relativa. Creo que mucho tiene qué ver el docente; con los perfiles de cada uno; algunos somos más humanistas, otro somos más metodológicos y otros más se pliegan con mayor énfasis al enfoque científico. El modelo educativo de la reforma está basado en competencias donde importa más la práctica que el conocimiento teórico en sí* (C.A. 2).

> *Por lo menos, hay una conciencia previa para calificar o decidir sobre algo concreto, qué guíe la reflexión y pretenda conjurar los prejuicios* (C.A. 3).

## Docente

> *La información de la reforma ha sido, hasta ahora racionada y obligatoria, por no decir impuesta, por lo que no hay transparencia que favorezca la verdad en todos los ámbitos en los que abarca su acción transformadora. Ha habido poca honestidad en reconocer algunos errores para aprender de ellos y enmendarlos, pero vivimos en una sociedad mal pagada que, al interior de la universidad, pareciera que el ocupar una posición en la estructura de poder universitario, solucionaría muchos de los problemas que afronta; sin embargo, sólo resuelven sus problemas personales, lo que explica los pequeños y grandes grupos de poder que operan al interior de la universidad, obligándose a maquillar estadísticas y algunos otros elementos que pervierten el sentido de la verdad de la universidad. Por ejemplo: ¿qué pasó con los apoyos de infraestructura que la universidad ha percibido a través de programas federales?, si no hay partición de los actores directos en la toma de decisiones, entonces, no es actuar con la verdad* (d).

La pregunta causó inquietud e interés entre los docentes; lo primero que se cuestionó era sobre a qué verdad se refería. Cada uno externó su propia concepción. Los universitarios deben desarrollar una visión crítica de la ciencia, tomando conciencia de las implicaciones sociales, económicas, culturales y políticas de su práctica y consigo misma, en sus métodos y recursos aplicados. Llama la atención de que el concepto de "búsqueda de la verdad" se haya diluido entre los objetivos inmediatos a los que obliga el llenado de formas y requisitos propios del PIFI. ¿Qué nos queda de la Universidad liberal? Parece que se ha olvidado el origen mismo, que nació a comienzos del siglo XIX en Berlín, bajo el impulso de W. Humboldt, siendo la gran meta, según Durkheim, la idea de universalidad.

## 13. ¿Cómo ha sido implementada la reforma?

La reforma tiene su antecedente en el PDI 1999-2004, que dio pauta a reflexiones sobre el estado actual y futuro la UAN. A finales del siglo XX se empezó el trabajo de consulta, se formaron grupos con todos los actores, que externaron su utopía de universidad; posteriormente se conformó un grupo que lideró el proceso y un primer ejercicio fue la elaboración de un texto conocido como Documento Rector (UAN, 2002), en el se explicaba el modelo educativo, los nuevos órganos de gestión y la nueva estructura de la universidad y, posteriormente, se empezó el trabajo formal de **renovación**.

### Coordinadores de área

➢ *Ha sido implementada de una manera no muy planeada, es una opinión muy personal; siempre he pensado que nos han ganado las prisas, a veces el hecho de querer hacer una cosa nos obliga de hacerla de ya y nos quedan como veinte o treinta cabos sueltos, y eso nos ha llevado precisamente a los retrasos que decía. La reforma se inició en el mes de marzo- abril del 2002; entonces teníamos que hacer miles de cosas; en varios meses se generó una dinámica fuerte donde hasta los profesores más recalcitrantes se involucraron. Desgraciadamente se fue dando con mucha lentitud, se olvidó todo, especialmente la capacitación para los cambios. La falta de medir los procesos de transición provocó una serie de crisis que podemos enumerar de la siguiente manera: no sabíamos cómo evaluar, teníamos que hacer estrategias de aprendizaje diferentes, pero no sabíamos hacerlo; se decía que debíamos de tener cuatro criterios de evaluación, pero nunca se explicó cómo y cuáles, que se necesitaba más la participación de los maestros y eso generó mayor incertidumbre pues no se especificaba bajo qué mecanismos de intervención* (C.A. 1).

➤ *El documento señala también varias estrategias: la difusión de una manera escalada, donde los grupos de análisis se reunían, hacían sus propuestas y se iban difundiendo a los otros grupos de las facultades o de las unidades académicas y, posteriormente, se fue bajando hasta llegar a todos los sectores, en los cuales, se generó el compromiso de modificación del plan de estudios, que corresponde a cada programa, con la finalidad de tener una reforma que cambiara la estructura organizativa de la universidad. Conforme se fue bajando la información, tanto vertical como horizontalmente, se generó un compromiso que **tardó de dos o tres años en consolidar el proyecto de reforma universitaria, por lo que creo que a estas alturas casi el 100% de profesores tiene conocimiento de lo que es la reforma universitaria** y al menos está participando con un programa de estudio dentro de la reforma universitaria, y digo al menos porque queda la parte formativa del profesor que es la que ha quedado al margen de la reforma* (C.A. 2).

➤ *Esta ha impactado pienso de manera fundamental en la parte académica: **la planeación. Para que esta operara fue más lenta que el proceso en sí**, empezó bien, luego como que se detuvo, y ahora como que comienza de nuevo a caminar; sufrió lo que se había previsto, aunque se planearon etapas para su implementación, como que nos rebasó la necesidad; descuidamos esta estrategia de ir por etapas y ahora estamos retomando esa iniciativa de dar pasos en un proceso de transición que puede ser largo.* (C.A. 3).

## Directores

➤ ***La reforma no toma su rumbo y ritmo**, pero ya tiene modificaciones. Se hizo una socialización muy buena; el rector fue a todas partes, hizo mesas públicas donde comentamos, vinieron empresarios, de instituciones externas y hubo buen diálogo. Esa fue la primera vez. Posteriormente en el Consejo General Universitario, como máxima autoridad, se aprobó y se dijo cómo fuéramos* *implementándola. En las unidades académicas cada consejo interno estuvo pendiente de recibir la documentación y de ir llevando a cabo los procesos como fuera posible. En la unidad académica se tiene el deseo de cumplir la reforma, pero la flexibilidad que se va a dar en los planes de estudio no ha llegado a aterrizar, porque el grueso de los profesores no aún no comprenden las implicaciones del modelo, se puede decir que ni los directivos lo han comprendido completamente, y el estudiante menos. El estudiante no puede aun diseñar estrategias que le permitan un plan académico de su carrera porque no están dadas las oportunidades de elegir, así que la flexibilidad es un mito (D. 1).*

➢ *Me parece que mucho se **quedó en la administración**; las unidades académicas por su cuenta siguieron el proceso de reforma y ahora tienen un reto más grande que es el de las acreditaciones y la cuestión administrativa de los procesos (D. 2).*

## Coordinadores de programa

➢ ***Como se ha podido**; hubo un documento y a partir de ahí, cada quien lo ha interpretado de diferente manera (C.P. 1).*

➢ ***Creo que es muy complicada.** Cuando hicimos la propuesta al modelo curricular, era como una carta a Santa Claus... persisten deficiencias muy fuertes; en algunos casos es de infraestructura, en otros es de sistema, por ejemplo: control escolar... La flexibilidad propuesta en el modelo no puede darse porque no tenemos un sistema de administración escolar que permita la flexibilidad que propone el modelo. Creo que la funcionalidad depende de aspectos sistemáticos, por ejemplo aun no se cuenta con reglamentos. Existen una serie de omisiones, de repente hay muchachos que van en cuarto año y ya van a egresar y todavía deben unidades de aprendizaje del primer semestre. (C.P. 2).*

➢ ***La reforma no fue diseñada en su totalidad lo que ha provocado que se haya dado pasos en franca improvisación:** primero se hace, y después se piensa el cómo se hizo y porque. No se sabe que va a ocurrir cuando llegue el momento de la evaluación (C.P. 3).*

**Docente**

> *Lenta, desigual e interesante. Fue una transformación
> lenta, porque en el momento en que se tomó la decisión
> de realizarla, de inmediato, de golpe, (sin que los actores
> estuvieran preparados para ella) o si la infraestructura
> era suficiente para producir los efectos que se esperaban
> y, en consecuencia, la velocidad fue desigual en cada uno
> de los programas. Los procesos se iniciaron sin ninguna
> planeación y eso ha ocasionado que se fuera "parchando"
> aquí y allá, conforme lo fueron permitiendo los actores.
> Fue desigual porque, aunado a la lentitud de los procesos
> de implementación, algunas áreas avanzaron más rápido
> que otras (académicas, de gobierno, administrativas,
> etc.), que en vez de provocar sinergias positivas, generó
> contradicciones entre las diversas instancias de la estructura
> programática, lo que ocasionó acciones discordantes
> y desinformación que no propiciaron el aprendizaje a
> través del tiempo de implementación. Esto acarreó un
> espectro de avances que hoy podemos señalar como tuvo
> semiconsolidadas, próximas a consolidarse y sin ninguna
> posibilidad de ello. Fue interesante desde el punto de vista
> que permitió descubrir nuevas capacidades como: trabajo en
> equipo, auto-diagnóstico y una apertura de intercambios en
> el personal académicos sobre temas no sólo correspondientes
> a materias sino a cuestiones generales de la universidad. (d).*

Como en todos los procesos de cambio, la percepción que se tiene, en una
primera instancia, es la del esfuerzo que produce en los actores los retos que
día a día se van presentando conforme se van desmantelando viejas estructuras,
de tal forma que se responde a la pregunta ¿cómo ha sido la implementación de
la reforma?, la respuesta ha sido general: *"como se ha podido"*.

Aun cuando se esperaba que al pasar de la etapa de diseño a la de
implementación, habría desconcierto, incertidumbre, inestabilidad y
desajustes, se previeron medidas para minimizarlos; pero, en realidad, con el
cambio de rectoría y, en consecuencia el cambio de administración general de
la universidad, estos propósitos quedaron en el aire y la nueva administración
se tomó tiempo para controlar el ritmo de la planeación original. En ese
momento los docentes percibieron la reforma como lenta y desigual y, por
supuesto, no podría ser de otra manera, porque al perderse el control de las
acciones también se pierde el sentido de los tiempos y movimientos.

Si hacemos un análisis a fondo del Documento Rector de la reforma, podemos observar que se le da más importancia a lo político, a los órganos de gestión, al nuevo organigrama de la universidad, que a los procesos en mejoramiento de las funciones académicas, por lo que tampoco es de extrañar que, prácticamente, se tuvieran muchas dificultades para poder implementar medidas propias de la academia ,que no tenían guías y soportes necesarios para su realización; así también, se había previsto que el proceso de transición llevaría año y medio, lapso que resultó insuficiente debido a los cambios de administración.

Se había pensado que durante el periodo de transición habría muchas horas-hombre dedicas a la reflexión, al debate y al consenso; pero las instancias encargadas de la continuidad se habían detenido a esperar las nuevas indicaciones que los cambios políticos habían generado, lo que ocasionó una doble reacción contradictoria en sí misma, es decir, se pretendía avanzar sin rumbo y, simultáneamente, se quería detenerse a replantear soluciones de procedimiento o de implementación, lo que ocasionaba lentitud y prisa al mismo tiempo. La representación más sintética que podemos hacer de esta etapa es la que algunos autores llaman "reformas de escritorio", desvinculadas de la realidad o "universidades de papel" (Porter, 2003).

## 14. ¿Se está logrando lo propuesto?

Desde año 2000 al 2007 se fue configurando un modelo educativo por competencias y defendiendo un paradigma pedagógico constructivista, de tal forma que para junio del 2007, había egresado la primera generación de estudiantes, educados con el nuevo modelo universitario. Se trabajaba a marchas forzadas, fueron años de sinsabores, de apuros, de construcción, reconstrucción, cuestionamientos e incertidumbres, con planes y programas que se iban diseñando con el tiempo encima, con normativas incompletas, a veces impartiendo cursos en salones saturados con más de 65 estudiantes por aula, en donde ni el docente ni los estudiantes podían accionar y donde no cabía una banca más como en los casos de Enfermería, y Derecho y, otras veces, en aulas nuevas bien ventiladas e iluminadas, con grupos de 20 estudiantes (Ciencias Sociales y Humanidades). Otra condición contradictoria, que persiste a la fecha, es que se modificaron estructuras administrativas, innovando el formato de jerarquización de las decisiones en las que pasaron de ser directores o subdirectores a ser coordinadores de área o de programas y dejaron funcionando, en el viejo paradigma a otras dependencias (Ciencias de la Salud, Ciencias Económico-Administrativas y Biológico-Agropecuarias).

## Coordinadores de área

> ➢ *Si continuamos, a este paso, no se va lograr al 100% la reforma propuesta, más bien se va a generar una nueva reforma. ¿Vamos a ver qué nos dejó la reforma, qué resultados nos dio?, a lo mejor un modelo intermedio, más idealizado. Si nos comparamos con la Universidad de Guadalajara, que iniciaron en el 89, es claro que ellos van muy aventajados porque están muy bien organizados. Definitivamente creo que **la reforma nos ha transformado, ha sido de gran impacto.** Ahora podemos ver cómo hay alumnos que pueden tomar cuatro unidades de aprendizaje si así les conviene o si toman nada más tres, y antes no se veía esto, eran muy rígidos la normatividad* (C.A. 1).

> ➢ **Sería muy prematuro decir que se está logrando**, *aunque hay cambios; existen indicadores que nos hablan de modificaciones en la estructura organizativa de la UAN, pero necesitamos que haya al menos algunas generaciones y ver su impacto en el medio ambiente, en el mercado laboral, para poder hacer una valoración real de cómo se encuentra, y bueno a esto viene la propuesta de que se tiene que hacer una evaluación continua del proyecto universitario y que no porque hicimos una reforma ya se estanque, sino que debemos estar promoviendo constantemente la evaluación. Creo que estamos en el camino* (C.A. 2).

> ➢ *Considero que sí, aunque estamos viviendo ahora en un punto crítico, porque no todos los programas han avanzado igual; siento que sí podemos consolidar lo propuesto porque tenemos todos los elementos para hacerlo; **lo que hace falta es acelerar más la parte normativa y la implementación de esas normas para que no haya vuelta atrás*** (C.A. 3).

## Directores

> ➢ **Sí, se está logrando,** *sobre todo con la acreditación que nos obliga a ir reformando todo; creo que sí, definitivamente creo que sí* (D. 1).

> ➢ **Creo que tal vez** *pero hubiera sido peor no haber hecho nada; sí, creo que con mucho esfuerzo y sacrificio, **con mucha creatividad por parte de las unidades académicas** y, lo digo de ellas porque a la mejor es lo que conozco más, diría*

*que en el caso de la administración central o de la ciudad de la cultura, no tienen tantos problemas para echar a andar los procesos, porque tienen un esquema central, tienen todos sus servicios en el campus universitario; los directores y los maestros de las unidades académicas hacen un gran esfuerzo para desarrollarla; creo que los estudiantes también juegan un rol o papel muy importante. No fue fácil, de un día a otro decir: oye tienes un nuevo programa de estudio, ahora ya no se llaman materias ahora se llaman unidades de aprendizaje, no sabemos qué materias vas a llevar, tú inscríbete y en el transcurso, vamos viendo. Por otra parte, los maestros no tuvieron la preparación adecuada, hubo un proceso corto de capacitación para conocer el modelo y diseñar las nuevas unidades de aprendizaje. El esfuerzo de las unidades académicas ha sido importante y la cuestión operativa la están desarrollando todos* (D. 2).

## Coordinadores de programa

> *Creo que no se ha evaluado lo propuesto, **más bien de esa fecha acá sí se han notado cambios, aunque eso no implica que hayamos mejorado; pudimos haber brincado y caído en el mismo lugar**, pero, sí se notan algunas diferencias en cuanto a los objetivos iniciales* (C.P. 1).

> *__Sí hay un avance__ de lo que se tenía anteriormente; obviamente es gradual, tiene que ser paso a paso, y creo que sí se va avanzando. Desafortunadamente por las características en las que trabajamos -ensayo y error- las primeras generaciones son las que van a pagar las consecuencias del cambio, esa es la verdad. Creo que se está avanzando, hemos aprendido de los errores cometidos en un inicio y hemos modificado cosas, al menos en la experiencia que tengo en la licenciatura de mercadotecnia* (C.P. 2).

> *__Yo creo que sí__, me atrevo a ser optimista y decir que si leo y recuerdo aquello que leía al principio y me parecía maravilloso, le daría el beneficio de llevar un 10% de avance, pero que, finalmente, es un paso importante, creo que sí, además con lo joven que es la universidad, tiene más oportunidad que otras* (C.P. 3).

**Docente**

> ➤ *Creo que sí, y siendo categórico síi se está logrando, es decir,*
> *es un proceso de cambio que rompe con los esquemas, que*
> *rompe con muchas cosas, y que uno mismo a pesar de creer*
> *entender todo el proceso de la reforma tiene sus reticencias*
> *en algunos aspectos, pero creo que poco a poco se van*
> *superando y que el objetivo de la reforma está en camino de*
> *lograrse. ¿Cuánto tiempo nos puede llevar?, pues el necesario*
> *para quitar esa inercia, el necesario para quitar la lentitud y*
> *el necesario para rescatar lo bueno de todo lo interesante que*
> *estamos viendo, insisto, hay escollos que están ahí y que los*
> *hemos señalado y habría que ponerle algunas soluciones para*
> *contribuir al éxito; pero de ahí a decir: ¿vamos en el camino*
> *correcto? yo diría que vamos en ese camino y que habría que*
> *ir corrigiendo algunas cosas* (d).

En lo general, se afirma que ha habido avances. De hecho, los universitarios, inician la reforma con entusiasmo, la mayoría como lo muestran las entrevistas, con una sensación de la necesidad de subirse al tren de la modernidad, por el deseo de transformarse, y de actualizarse. El académico que participa en el cambio, que se asoma a él, que se ve tocado por las nuevas políticas y decisiones, tomadas en el seno de la UAN, se pueden ver a sí mismos insertados en una nueva red de relaciones en la que cada elemento llama a los restantes, o son llamados por ellos, hasta convocar esa esencial unidad de lo real, la misma a la que invita Edgar Morin desde su teoría de la complejidad. La universidad reformada en el resguardo de sus valores fundamentales, los que le dieron su sentido original, formaría de esta manera parte, de un continuum, de un todo, de algo que trasciende el Estado mismo de Nayarit, sin límites ni fronteras, más allá de determinados significados y sentidos, pues en su expansión y posibilidades escapan a nuestra inteligibilidad. En este panorama, hablar de estudiantes, hablar de docencia, no es más que agregarle otros vértices necesarios para completar el cuerpo polifacético que conforma la suma de relatos universitarios, pues cada entrevista implica una historia, y una Universidad viva es la que se mantiene comunicada entre sí, contándose experiencias, vivencias, modos de ver la vida o proyectos. La universidad así reformada es la integración de cadenas discursivas, que forman una exposición sólo posible relacionando y estableciendo prioridades: un antes, un ahora y un después; un aquí, un ahí y un allí; un yo, un tú y un él (yo y el otro, mi colega académico, interactuando con él, el estudiante), repitiendo una y otra vez estos juegos poliédricos. Una universidad construida con discursos desde mentes que se experimentan como tales en la esencial narratividad de la conciencia y del lenguaje. En cada entrevista, se manifiesta la conciencia del entrevistado, frente a las preguntas del entrevistador, relacionando, estableciendo nexos, discurriendo, dialogando y conversando. Lo mejor de la reforma es que ha permitido reflexionar, romper inercias ya gastadas y romper paradigmas; hay un cierto avance, aunque no sea el esperado; cuando nos ponemos en marcha, lo importante es estar en acción, pues hay mucho qué construir.

## Ideal y realidad de los funcionarios

Antes de entrar al análisis general de los resultados de las entrevistas es necesario reflexionar sobre cuál es el significado de la universidad como institución social, y qué función ejerce en y para la sociedad, siendo inaplazable la necesidad de analizar y reflexionar sobre la universidad que tenemos, la universidad que deseamos y la que necesitamos construir. Hoy como nunca a la universidad se le presentan grandes desafíos; como el de la limitación de su autonomía, al depender de los recursos que provee el gobierno federal –condicionando siempre a que cumpla con ciertos parámetros de calidad- como el quitarle a la sociedad el derecho que tiene a participar en ella, y dárselo a quienes participan en los juegos del dinero y sus mercados. Indudablemente, la universidad no puede depender de criterios políticos (o tecnocráticos o visión macro) para el cumplimiento de su función en la sociedad (Parent, 1994). Por lo tanto, es necesario discutir sobre la universidad imaginada, discutir sobre nuestros sueños y utopías, como un proyecto imaginario que reclama su constante reinvención y su realización futura, construir la universidad que hemos imaginado y re-imaginado desde hace mucho tiempo (visión micro), pero que no hemos logrado concretar (Ibarra Colado, 2006). En este contexto y en esta reforma que estamos construyendo, los universitarios nayaritas explican cómo se retoman los principios de la universidad pública, las discusiones que se llevaron para integrar una imagen de universidad y cuál fue la utopía de los universitarios al conformar este proceso de reforma.

## Encuentros y desencuentros

El humanismo es la búsqueda de lo que al hombre le importa, tiene que ver esencialmente con el conocimiento del hombre, pero con un conocimiento que trascienda el orden físico, biológico, psíquico y aún social. Asimismo, son signos del humanismo, el conocimiento, la verdad, el saber y la sabiduría, así como la libertad, la fraternidad universal, la justicia social, el conocimiento emancipador, el diálogo en igualdad de posibilidades. Dentro de estas perspectivas Besave, (1971) concibe al humanismo como "búsqueda, establecimiento y exaltación de los más altos valores de la cultura, como son la comprensión objetiva de la persona humana en todas sus posibilidades: ciencia, moralidad, filosofía, historia, arte". En este sentido, "los fines fundamentales de la universidad, afirma, presentan como jerarquía la cultura, la ciencia y la profesión". Ahora bien, ¿cómo la universidad vive y recrea lo anterior? Ya que no se trata de aprenderlos y entenderlos, sino de vivirlos en la cotidianidad. Al analizar las respuestas proporcionadas por los docentes universitarios notamos escasa reflexión, y sobre todo, poca apropiación respecto a la educación humanista. Es claro que hizo falta, en el proceso de reforma, reflexionar sobre los aspectos del humanismo en la currícula, planes de estudio, normativa y en los procesos enseñanza-aprendizaje. También hizo falta vivenciarlo en las aulas, en los pasillos, en el campus universitario y en la sociedad.

El humanismo es considerado por los docentes, en el discurso, no así en las acciones, y mucho menos, en la práctica. Surge la idea de que el pensamiento es independiente de la acción, donde la filosofía es una concepción y no un proceso de aprendizaje (Porter, 2003:58); por ello, es necesario que todos los actores, hoy día, se sienten a dialogar, no sólo las autoridades, sino también los docentes, los estudiantes y los trabajadores universitarios en igualdad de condiciones, donde cada uno de ellos exprese sus ideas, para que a partir de este diálogo construyamos espacios abiertos al análisis permanente, en donde el respeto y la tolerancia a las ideas sea algo común. ¿Cómo construir una universidad y una sociedad humanista, si no es recreada y vivida? La universidad, como comunidad académica, debe ser el pilar de la sociedad donde las mujeres y los hombres aprendan a pensar y a vivir, y sobre todo les permita decidir consciente, libre y cabalmente. La universidad debe ser un ejemplo a seguir para la sociedad. Es necesario ir al rescate del humanismo, pues la formación de profesionales competitivos implica que ellos deben ser personas íntegras, con ética y comprometidos con la problemática que aqueja a la sociedad. Un profesional competitivo sin lo otro, puede ser que pierda su humanidad. En este sentido, la evaluación, la acreditación y la competitividad, no deben dejar fuera el ser del hombre y la mujer, estos parámetros sí son necesarios e imprescindibles y deben evaluar y acreditar también al profesional con competencias no sólo técnicas sino humanas, y en el mismo sentido la competitividad debe evaluar la capacidad de relacionarse con los otros, con su entorno laboral y en su ejercicio profesional. Sin embargo, esto estaría sobrando, pues un profesional formado en la filosofía del humanismo es un ser con la voluntad de contribuir a la formación de una sociedad inclusiva, digna y democrática.

## De las necesidades regionales y la competitividad

Si bien uno de los fines de esta universidad es dar respuesta a las necesidades regionales y si hoy hablamos de mundialización, globalización, aldea mundial, glocal (como integración de global y local), lo importante entonces es ver cómo la universidad, en este proceso de reforma, considera lo anterior, y el debate no debe ser si es local, regional, o mundial, sino, si lo hace, y cómo lo hace. Esto es, la pertinencia y la calidad de estas respuestas ubican a la universidad en su contexto. Además, considerar que la vinculación regional es un fin y una obligación, un deber ser, si realmente la universidad apuesta por la formación integral, ésta por sí misma proveerá un profesional capaz, competitivo y útil para esa sociedad.

Es innegable que si la universidad cumple con su misión inherente, que es la de formar a hombres y mujeres auténticos y comprometidos, entonces, su vinculación con la sociedad dejará de ser una preocupación, porque será una realidad. De ahí la urgencia de reflexiones colegiadas de los universitarios al respecto, hay que pensar de qué manera es necesario confrontar estas nuevas realidades para que no impacten en menoscabo de la región y de los profesionales, sino al contrario, tener herramientas suficientes para poder enfrentar este reto. Se trata en conclusión de apoyarnos en nuestro conocimiento local, en nuestra sabiduría personal, y de ser capaces de inventarnos a nosotros mismos, de sabernos ver y ver a los demás (Porter, 2003:218). Debemos recordar que el hombre no está por encima de la naturaleza, sino que debe estar en armonía con ella.

## Humanismo y formación para la democracia.

Si se considera que una educación de calidad es aquella que forma técnica, democrática e integralmente al ser humano, entonces se puede observar que en el discurso de las entrevistas realizadas la formación democrática no es un eje primordial en la reforma, está descrita en los documentos oficiales, sin embargo, en la realidad no permea en las prácticas cotidianas. Se percibe una falta de sensibilidad por parte de la universidad y de los universitarios en cuanto a formación democrática en su contexto de aprendizaje; olvidan que ésta es inherente a la formación universitaria. En este sentido y de nueva cuenta, retomando las visiones de los docentes se debe considerar a la *universidad como un lugar de la democracia,* además de los saberes técnico-científicos y filosóficos.

La universidad debe retomar la democracia, los valores cívicos y éticos en los espacios educativos: en las relaciones con los otros, -estudiante-estudiante, estudiante-profesor, estudiante-institución, profesor-profesor, profesor-institución-, en las tareas curriculares —cómo son organizadas socialmente, cómo son distribuidas, cómo apoyarlas-, en la cultura —hacerla participativa e inclusiva- y en lo comunitario e institucional —participando, apoyando y divulgando los saberes universitarios-. El ámbito universitario debe ser proclive a desarrollar prácticas de aprendizaje que vivan el respeto, la responsabilidad, todos ellos aprendidos y experimentados en la cotidianidad, en un hacer y sentir colectivo La universidad debe esforzarse por formar individuos integrales, lo que implica un trabajo sostenido para que el estudiante sea un sujeto de derecho —que se conozca a sí mismo, que interactúe con los demás y que pueda definir su proyecto de vida. Si se quiere una formación de calidad y por ello está luchando la universidad, por ser una de las instituciones educativas de más prestigio de la región, entonces no debe de dejar de lado la formación para la democracia. De ella *debería salir la gente mejor pensante de la sociedad y por lo tanto la gente más democrática,* no se puede tener profesionales de calidad si no son personas que piensan, critican y construyen una mejor sociedad **(Docentes universitarios).**

Se desprende de todo lo anterior una ausencia casi total de formación humanista y democrática. Hay una parálisis que no permite, por un lado a las autoridades y por otro a los docentes y estudiantes que las ideas se conviertan en proyectos académicos, o quizás, en el peor de los escenarios, "hemos olvidado aprender", (Porter, 2003:90). Tenemos miedo a enfrentar esta realidad, o estamos tan enajenados que no nos damos cuenta de la fuerza que tiene el poder hegemónico y que nos obliga a seguir sus políticas educativas y no nos permite ver otros horizontes, o estamos tan cómodos en nuestras vidas que no imaginamos otros futuros. Es el momento de despertar y asumir nuestra responsabilidad pues estamos perdiendo una oportunidad para recrear y construir la universidad que soñamos, deseamos y necesitamos. La transformación de la universidad no depende del organigrama, ni del modelo o tipo de gobierno, la recuperación de la universidad depende de la conciencia de los actores que la habitan y le dan vida (Porter, 2003:223).

## De los docentes

Con la finalidad de tener una visión de cómo los docentes universitarios enfrentaron los cambios exigidos por la reforma universitaria, y así poder dar cuenta de cómo vivieron y recrearon estos cambios, se les aplicó un cuestionario integrado en siete categorías: datos generales, reforma universitaria, formación humanista, formación integral, formación de ciudadanos, desarrollo del conocimiento científico y la respuesta a las necesidades regionales, distribuidas en 36 preguntas. Las preguntas tenían la finalidad de determinar el grado de conocimiento sobre este proceso, su sentir y percepción al respecto. En relación a la reforma es necesario aclarar que solamente se les preguntó si ésta retoma los principios que dan vida a la educación. Asimismo, es necesario recordar que la idea que se tiene del profesor universitario es con mucho una idea personal que se basa en ideas compartidas acerca de lo que son la enseñanza y la educación superior, ideas que varían de una institución a otra, de un país a otro y del momento actual a otros tiempos (Knight, 2006). Así el docente es un reflejo de las interacciones entre su historia, la biología, la cultura, el pensamiento, la personalidad y las cambiantes emociones, entre otras cosas, y sus acciones serán un tanto imprevisibles, y por tanto, sus intervenciones, tendrán también efectos inciertos.

A lo anterior se le suma que la profesión académica en México a lo largo del siglo XX, y en particular a partir de la década de los ochenta, ha estado orientada al ágil y eficaz cumplimiento de los indicadores que derivan de distintos modelos de universidad y vida académica generados en otras partes del mundo, y expresados por las instancias locales, sin que el país haya estado en condiciones de brindar las suficientes bases a los procesos sustantivos que son el contexto necesario para el desarrollo de esos modelos. Por otra parte, los diversos intentos de adoptar formas y modalidades para la vida académica en México han sido emprendidos con un sentido de urgencia en el cambio de los signos superficiales de su cumplimiento (Gil Antón, 2004). Se encuentra así, a un docente universitario inmerso en una serie de cambios donde el trabajo es cada vez más dirigido y controlado; se confía menos en él, se le supervisa más, se le impone una sobrecarga de trabajo, -cada vez son más las horas de trabajo, más trabajos que corregir, más las publicaciones a realizar y más servicios que prestar a la comunidad- y se presupone que las deficiencias con respecto a una práctica óptima han de atribuirse a la incompetencia o a la falta de compromiso personal de su parte. En este "gerencialismo duro" los maestros perciben la exigencia de una mayor dedicación a la investigación como una amenaza a la excelencia docente y una agresión contra su identidad, generalmente mas formada para la docencia que para la investigación. Además, se le otorga a las tareas marginales una importancia que a juicio de muchos profesores es desproporcionada. Esto no sólo les roba tiempo para dedicarse a sus actividades prioritarias (la enseñanza y/o investigación o la formación y actualización para poder ejercerlas cabalmente), sino también contribuye a la proliferación de distractores, -tareas, reuniones y funciones- se les obliga asimismo a conformar cuerpos colegiados muchas veces formales o simplemente artificiales al convocar a las personas en grupos para elaborar planes o programas acorde a los ya aprobados por las instancias superiores, perdiéndose así la oportunidad de analizar, debatir, compartir y comentar los problemas de enseñanza-aprendizaje. De ahí que al reflexionar sobre el profesor universitario a partir de sus respuestas, se debe tener en cuenta los diversos perfiles que conviven en su transformada identidad, y analizar tanto su ambiente laboral como "extra-laboral", es decir, el contexto en que manifiesta sus respuestas. Más aún, ser un buen profesor depende de la destreza personal manifestada *en un ambiente rico en experienciables*[5] *adecuados* (Knight. 2006). En este marco, el docente universitario, - el que se dedica a la impartición de la enseñanza, el de la cátedra, el que "da clase"- empezó a participar en el proceso de la reforma universitaria cuando en las escuelas, facultades o unidades académicas, iniciaron con el diseño de las diferentes unidades de aprendizaje. Ya entonces se había decidido el modelo curricular, se habían definido los planes y programas y las diferentes asignaturas, que hoy en la institución se conocen como unidades de aprendizaje. Es en ese momento cuando se le exige al docente participar en el diseño de su unidad de aprendizaje. Se trató de una exigencia, porque si no participaba en el mismo, se le amenazó con no darle carga académica; con este antecedente la mayoría de los docentes universitarios iniciaron su participación en el proceso de reforma, como un requisito para continuar impartiendo sus clases, con muy poca información y/o preparación para llevar a cabo su tarea.

---

[5] El término "experienciables" (affordances) es un neologismo que expresa una relación de posibilidad de interacción con el entorno que responde, por una parte a la presencia de un elemento objetivo en el medio y, por otra, a la acción o conducta subjetiva desarrollada por el sujeto para relacionarse con ese elemento del medio, y no tiene traducción .

## Una aproximación en la construcción de la reforma a partir de los docentes universitarios

Los datos obtenidos fueron proporcionados por 67 docentes de las distintas áreas que conforman la universidad que participaron en el proceso de reforma. La muestra seleccionada es mayoritariamente masculina, coincidiendo estadísticamente con el porcentaje superior de sexo masculino. Asimismo existe en la UAN una planta docente en proceso de envejecimiento, pues más de la mitad de los docentes encuestados rebasan los 46 años de edad y su antigüedad supera a los 20 años.

En relación a este aspecto se observa que el 69% del personal docente cuenta con estudios de posgrado, -a partir del año 2000 una gran cantidad de maestros cursaron estos niveles- formación que definitivamente les permite tener una visión clara de la situación actual de la universidad, aunado a esto también cuentan con antigüedad suficiente lo cual les brinda experiencia, práctica académica, y un conocimiento profundo de la universidad. Estos resultados representan una fortaleza en este proceso de reforma (véase gráficas No. 1, 2, y 3).

De los datos generales de los docentes entrevistados llaman la atención dos aspectos: a) en lo general los maestros tienen formación, sino adecuada, al menos, suficiente (69% maestría); b) el dato en relación a la antigüedad es trascendental, pues en un proceso como el que está sucediendo es importante retomar y considerar la experiencia de los docentes, algunos de ellos próximos a jubilarse, pues son docentes que conocen la historia y la vida universitaria, aunado a que cuentan con una consolidada trayectoria académica. Se puede decir que la UAN cuenta con personal capacitado y con experiencia para llevar a cabo dicho proceso.

**Gráfica 1. Docentes grado de estudio**

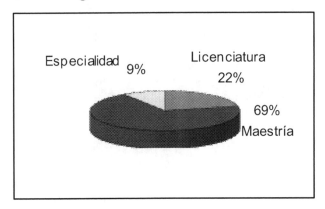

**Gráfica No. 2. Docentes según años de edad**

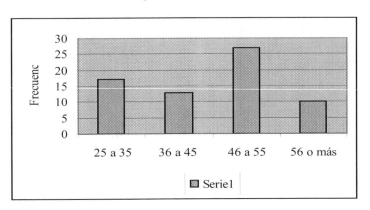

**Gráfica 3. Docentes según su antigüedad laboral.**

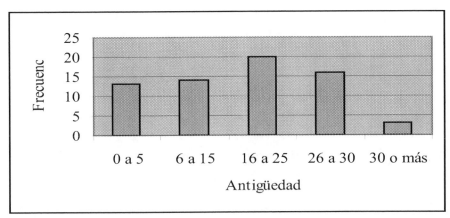

## La Reforma Universitaria

Para determinar el grado de apropiación que tienen los docentes encuestados acerca de la reforma, se les pidió que contestaran cinco preguntas sobre los siguientes aspectos: su participación en el proceso de reforma, conocimiento sobre los documentos que dan vida al proceso de reforma, la misión, visión y fines de la universidad. Lo anterior permite constatar si los docentes al involucrarse en este proceso lo hicieron con conocimiento de causa, o sólo se dejaron llevar por las circunstancias.

A la primera pregunta de este bloque: *"¿Has participado en el proceso de reforma universitaria?"* los resultados obtenidos muestran que solamente el 43% de los docentes (29) afirman haber participado desde el inicio de la reforma, esto involucraba el diseño del modelo curricular y la elaboración de los documentos que dan vida a este nuevo modelo. El resto de los docentes (52%) participó solamente en el diseño de los contenidos de su unidad de aprendizaje, el 5% restante menciona que no fue invitado a participar. Es preciso aclarar que aunque no hayan participado, ni se hayan involucrado en dicho proceso, hoy día, sus "clases", tienen que ser de acuerdo al nuevo modelo; por lo tanto, tienen una apreciación en carne propia, por medio de su práctica cotidiana y de este proceso (Véase la gráfica 4).

**Gráfica 4. Frecuencia de docentes según su participación en el proceso de reforma**

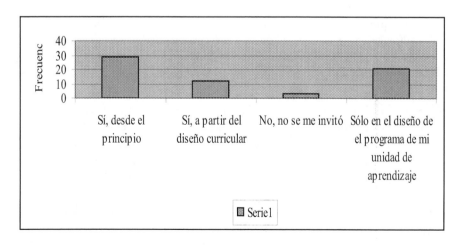

En relación a la pregunta acerca del *"conocimiento respecto al proceso de reforma y modelo educativo"* sólo el 19% de los docentes afirmó que conoce a fondo el proceso de reforma, si tomamos en cuenta el número de maestros que participaron en este proceso, el dato indica una poca apropiación del mismo, en tanto que el 51% de docentes afirmó conocer sólo algunos aspectos de esta (véase la gráfica 5), hecho que, si bien ayuda, se considera que no fue suficiente para el diseño de sus unidades de aprendizaje, ya que no tenían claro en qué consistía esta reforma.

**Gráfica 5. Frecuencia de docentes según su conocimiento del proceso de reforma**

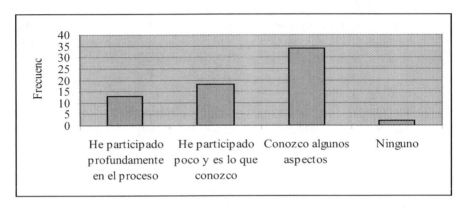

Al realizar el análisis de las gráficas 4 y 5, se encuentra que en la primera, el 43% de los docentes, manifestó haber participado desde el principio, sin embargo, al contrastarla con la segunda, sólo el 19% manifestó conocer a fondo el proceso de reforma. Lo anterior demuestra que no es lo mismo participar que conocer, por tanto, los maestros universitarios participaron en la reforma sin conocer los objetivos precisos de este proceso. Estos datos son importantes pues no es posible que en un proceso de reforma, más del 50% de la población docente afirme conocer sólo algunos aspectos de dicho proceso y que además se haya involucrado en él sin conocer las nuevas reglas, más aún, que no se le haya pedido su opinión, su concepción y/o su utopía de universidad, que no se le hayan dado espacios para el debate y para consensuar las decisiones. ¿La Universidad obvió esto? o ¿los docentes fueron indiferentes? o ¿todo fue diseñado para que precisamente esto ocurriera y dar al traste con la universidad pública?

La tercera pregunta de este bloque indaga respecto a cómo fue adquirido el conocimiento sobre el proceso de reforma. Los resultados muestran que el mayor conocimiento de la reforma lo obtuvieron mediante la asistencia a jornadas, talleres y conferencias (51%).

## Gráfica 6. Docentes según cómo se apropiaron de la información sobre la reforma

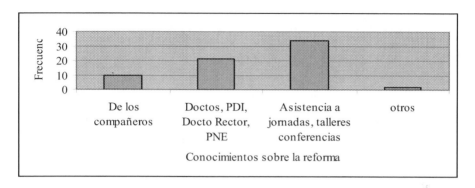

La conclusión para este caso sería que estos eventos fueron más informativos que formativos, esto es, no hubo la aprehensión de la reforma. Se asistió a ellos sin la posibilidad de retomar la experiencia e ideas de innovación de los docentes. No fueron espacios para el consenso, para el dialogo, se asistió por una exigencia, y al no haber diálogo, no se propició la aprehensión del proceso. Es importante mencionar que la reforma implicó un nuevo lenguaje, la apropiación de conceptos que eran poco conocidos por los universitarios, de ahí también, que en las jornadas, era tanto lo que tenían que aprender a manejar, que en un momento dado, era más importante conocer las nuevas nomenclaturas que la discusión y el poner en común las ideas. Lo que se le pedía al maestro era su asistencia para que participaran en la elaboración de los contenidos básicos de cada una de las unidades de aprendizaje. Lo anterior se llevó siempre a marchas forzadas, con los tiempos encima, y algunas veces, con una sobrecarga de actividades en las que el maestro tenía que diseñar dos o tres unidades de aprendizaje. No es que el maestro no opusiera resistencia, no pudo hacerlo ante la inmensidad de la tarea.

Las siguientes dos preguntas, se hacen con la finalidad de determinar el grado de apropiación que tienen los docentes en relación a dos elementos básicos de una universidad como son: la visión y la misión, pues permiten comprender lo que es actualmente la institución y hacia donde quieren que vaya. En cuanto a la pregunta acerca de *"la misión que asume la universidad"* si se considera que esta consiste en "avanzar en el conocimiento y aprendizaje a través de la investigación y la enseñanza" (PDI, 1999:14). El resultado de las encuestas indicó que sólo el 45% de los docentes conoce cuál es la misión de ésta (ver gráfica 7). Por tanto, más de la mitad de los docentes no identificaron cual es la misión universitaria, ello puede representar una pérdida del rumbo institucional.

**Gráfica 7. Frecuencia de docentes según su comprensión de la misión de la Universidad**

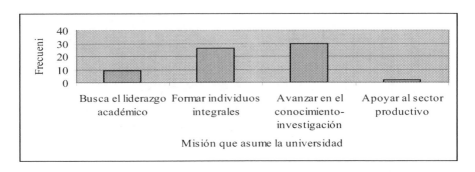

Respecto del conocimiento de la visión de la universidad que está enmarcada también en el PDI (1999:13): y que la define como "una institución de educación superior de calidad con liderazgo académico, opción válida para las aspiraciones sociales de los jóvenes nayaritas, que busca permanentemente formar individuos con una perspectiva de desarrollo humano integral". Las respuestas vertidas por los docentes indican que el 99% tienen claridad respecto de la visión de ésta (véase la gráfica 8). Algunos de los docentes consideran que esta ya fue rebasada y por tanto debe ser actualizada de acuerdo a las problemáticas actuales (*vgr.* sustentabilidad, género, pobreza). Como se puede observar, es más importante la visión para los docentes que la misión, ya que esta define qué es lo que queremos ser, con ella hay una identificación y no así con la misión. Lo anterior indica que la mayor parte de los docentes se encuentran insertos en la dinámica de los tiempos actuales.

**Gráfica 8. Frecuencia de docentes según su comprensión de la Visión de la Universidad**

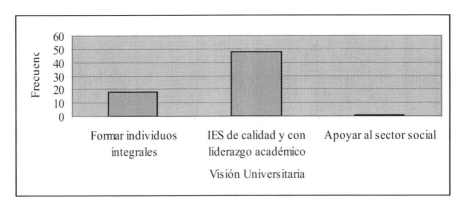

En tanto al conocimiento respecto a los *"fines de la educación universitaria"* se les pidió a los docentes que seleccionaran al menos dos opciones. La preferencia observada muestra lo siguiente: el 82% de los docentes optaron por la formación tecnológica e involucrarse con la comunidad y sólo el 46% escogieron a la formación humanista como su respuesta (véase la gráfica 9). Lo anterior significa que en el discurso se maneja la formación integral, sin embargo domina la tendencia a proporcionar en el estudiante una formación técnico-científica. Se olvidan que una parte importante de la formación universitaria es la formación integral y humanista, lo cual ratifica que se han asumido directrices del modelo neoliberal, el cual deja de lado la formación humanista.

**Gráfica 9. Frecuencia de docentes de acuerdo a lo que consideran como los fines de la educación universitaria**

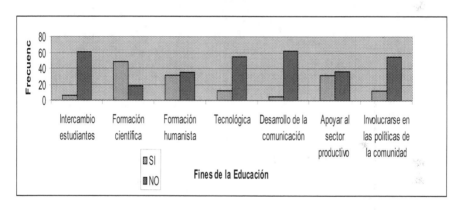

Hoy más que nunca se debe retomar el enfoque integral de la formación universitaria. Debe ser una estrategia formativa; la sociedad actual necesita seres críticos, éticos, sin descuidar su formación técnico-científica, que les permita definir su proyecto social y de vida. De ahí la importancia de que los docentes universitarios no olviden esto, e incorporen en el currículo y en la cotidianidad, prácticas que los lleven a formar sujetos.

En relación a la última pregunta de esta sección: *"¿el proceso de reforma toma en cuenta el Art. 3°. Constitucional?"* las respuestas de los maestros son ambiguas; por una parte, sólo 19 docentes (28%) afirman que consideran que la reforma involucra la formación democrática de los estudiantes; en tanto que 40 docentes (60%) afirmaron que el proceso de reforma considera poco o en el menor de los casos, es indiferente a la formación del desarrollo armónico de las facultades del ser humano (véase la gráfica 10). Lo anterior permite observar que el docente tiene el discurso aprendido pero, en el forjar, poco se puede hacer, éstos consideran que, hoy día, todo cambia, que la esencia del ser es el cambio, que las disciplinas han cambiado y el ejercicio docente también. Las exigencias al maestro son muchas y tiene en "su trabajo" mayor peso el cumplir contenidos, el desarrollo de competencias, el evaluar, el tutorar, el hacer investigación, ir a congresos y les queda poco tiempo para su formación.

**Gráfica 10. Frecuencia de docentes según consideran si el proceso de reforma retoma al Artículo 3º. Constitucional**

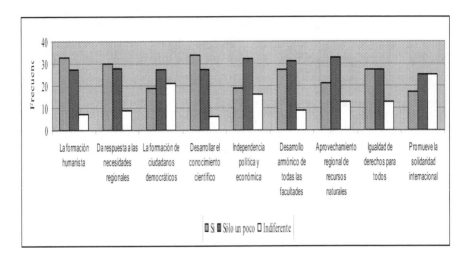

De los resultados obtenidos sobre el conocimiento de la reforma universitaria por parte de los docentes, se observan dualidades:

i) Más del 60% de los encuestados manifestaron haber participado en el proceso de reforma y en relación a la pregunta sobre el conocimiento que tienen de ella, sólo el 19% acepta conocer bien el proceso. Lo anterior indica que si bien los docentes asistieron y leyeron al respecto, no hubo una apropiación del mismo; afirman que faltó dar más espacio para la reflexión, el análisis y la aprehensión. ¿Acaso hizo falta un mayor compromiso por parte de los docentes?, o ¿Es su forma de expresar su inconformidad?, lo anterior ¿es culpa de él o del sistema? Las interacciones que se presentan en un movimiento de reforma son variadas, intervienen muchos actores y, ciertamente, no hubo tiempo para la reflexión; por tanto, ni unos ni otros, son culpables; quizás la exigencia gubernamental precipitó los resultados obtenidos, así como la falta de claridad en las políticas educativas.

ii) Al interrogar a los docentes en relación a la misión, visión y fines de la universidad, se notó un cambio sutil en los paradigmas actuales, que los ha llevado a una enseñanza técnico-cientificista de los estudiantes.

La reforma deja fuera de discusión que la Universidad y sus actores deben asimilar la democracia a la cotidianidad del aprender y convivir, más aún, la universidad es un ejemplo para la sociedad, y para ello debe ser un espacio plural donde se manifiesten y debatan todo tipo de ideas.

## De la formación humanista

Las preguntas de esta sección están divididas en dos planos: el primero permite conocer si el docente ve en la reforma universitaria el sentido humanista y, el segundo, si el maestro propicia o genera la formación humanista; para ello se aplicaron cuatro preguntas. La educación humanista consiste en que cada cual llegue a ser el que es o lo que puede llegar a ser, esto es, posibilitar que cada uno pueda desarrollar sus potenciales biológicos de conocimiento y acción, así como habilidades de pensamiento y afectividad; trata de educar para la vida desde la vida, y esto implica un compromiso e interacción sociedad-comunidad-institución-maestro-estudiante, todo ello con la finalidad de crear una conciencia social que permita generar conocimiento, que lleve a construir nuevas sociedades y refuerce en los educandos un verdadero y real compromiso profesional.

A la primera pregunta: "¿Consideras que las currícula y los programas de estudio tienen diseñadas actividades de aprendizajes que fomentan la libertad, el respeto a la dignidad, la fraternidad y el amor a la patria?", el 60% de los docentes (40) contestó afirmativamente, el 16% (11) dicen considerarlo y únicamente 7 docentes (10%) aceptan que son parte del diseño de los programas (véase la gráfica 11). Como se puede ver en el discurso se manifiesta una apropiación de estos valores, sin embargo, en la práctica, es casi inexistente; de ahí la necesidad de revisar las currícula de la universidad y diseñar estrategias que permitan "vivir" estos valores.

**Gráfica 11. Frecuencia de docentes según si las currícula fomenta la libertad, el respeto, la fraternidad y el amor a la patria**

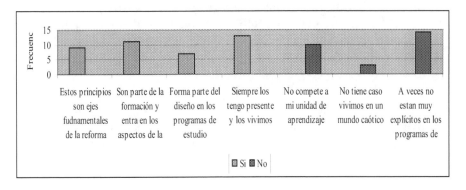

Con relación a la segunda pregunta *¿consideras que en tu práctica docente tienes presente la tarea de generar, preservar, difundir y aplicar nuevos conocimiento en tu unidad de aprendizaje?* El 94% de los docentes contestaron afirmativamente, sin embargo la opción que mayor preferencia tuvo, no es la más representativa a esta pregunta (véase la gráfica 12). Ahora bien, en el ejercicio docente hasta hoy día se ha preservado y difundido el conocimiento; sin embargo, son pocas las universidades en México que logran generar nuevos conocimiento, de ahí la necesidad de revisar de qué manera los docentes, en su práctica, llevan a cabo lo anterior.

**Gráfica 12. Frecuencia de docentes según su práctica tienen presente la tarea de generar, preservar, difundir y aplican nuevos conocimientos en su unidad de aprendizaje.**

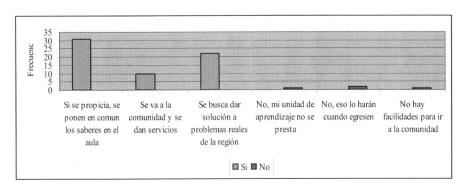

A la pregunta: "¿Además de los contenidos de tu unidad de aprendizaje retomas algunos aspectos de la cultura?". Al igual que la pregunta anterior, la mayoría de los docentes (85%) contestaron afirmativamente y se percibe un compromiso en relación a la apropiación y divulgación de ésta (véase la gráfica 13). Habría que analizar si en los programas de sus unidades de aprendizaje están explícitas o implícitas acciones al respecto, y de qué manera los docentes retoman a la cultura en su práctica.

**Gráfica 13. Frecuencia de docentes según si se promueve la cultura en las actividades de aprendizaje**

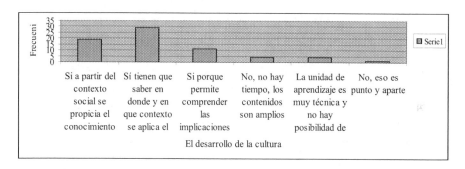

A la última pregunta de esta sección: ¿Se promueven actitudes de servicio y compromiso de participación en la vida comunitaria en tu quehacer docente? El resultado muestra que aunque el 90% de los docentes contestaron afirmativamente, habría que definir en qué consiste esta cultura real de servicio, si los estudiantes y docentes prestan sus servicios a la comunidad, si se promueven realmente la participación ciudadana, e impulsan jornadas de apoyo a la comunidad (véase la gráfica 14).

**Gráfica 14. Frecuencia de docentes según consideran promover actitudes de servicio y compromiso de participación en la vida comunitaria en los estudiantes**

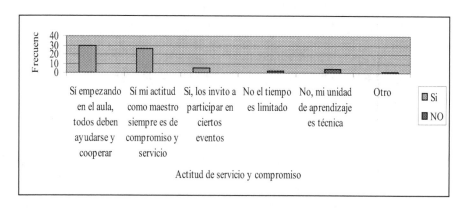

Las respuestas indican que hay un conocimiento por parte de los docentes en relación a la formación humanista y su importancia, hay de hecho una apropiación al afirmar que ésta es recreada en su hacer docente. Este discurso ¿es aprendido? ¿No se dan cuenta los maestros que ya no es así, que poco a poco se ha asumido la postura neoliberal, que lo que menos se toma en cuenta es la formación humanista, que esta se convirtió en un discurso para tranquilizar las conciencias, pero que poco o nada se hace al respecto, que hace años se desvaneció el sentido humanista de la universidad? No obstante lo anterior, y para ser más congruentes, habría que revisar con mayor profundidad si dentro de la reforma, en las currícula, en los planes y programas de estudio está implícita esta filosofía, si dentro de las actividades de aprendizaje se potencia la capacidad de reflexión, de indagación, de asombro, de sorpresa ante nuestra propia realidad y la de los demás; potencialidades que permitirían, sin duda alguna, transformar la realidad, gozarla, adivinarla, intuirla y recrearla. Asimismo sería interesante indagar si en este accionar universitario está presente el entender la responsabilidad que se tiene con el otro, o frente al otro, de la importancia que tiene el ampliarse a los contextos comunitarios, familiares, laborales y a todos los ámbitos de la realidad social; vocación que la UAN no puede prescindir pues es lo que le da un sentido propio. En este proceso de reforma, se debe reconocer que la excelencia académica estará en incidir en estas realidades.

## De la formación integral

La formación integral como parte medular de la educación superior forma parte de cualquier cambio o reforma, de ahí la importancia de preguntar acerca de la percepción que tienen los docentes universitarios al respecto, y si ésta aún es considerada en el nuevo modelo universitario. Se entiende por educación integral aquella educación capaz de poner unidad en todos los posibles aspectos de la vida de un hombre" (García Hoz, 1973), es decir, profesionales competentes, con valores humanos y orientación social. Para el logro de esto es necesario desarrollar una educación que prepare a hombres y mujeres para la vida, educación que debe colocar en el centro de su acción al ser humano. Para determinar lo anterior se diseñaron tres preguntas.

La primera cuestiona si "el nuevo modelo universitario coadyuva a la formación de profesionales mejor preparados". Al respecto, sólo el 67% piensa que sí, en tanto que el 33% de los docentes no considera que el modelo coadyuve a la mejor preparación (véase la gráfica 15). La opción de respuesta que obtuvo la mayor frecuencia positiva fue la formación integral, los docentes están seguros que solamente a través de ella se logrará tener profesionales que incidan en la problemática regional, sin embargo, ello puede ser un discurso aprendido, en el que en la realidad no tiene nada que ver. La segunda opción de respuesta es interesante porque consideran que hoy día se está preparando más y mejor a los docentes y esto representa uno de los aciertos de la reforma. En relación a las respuestas negativas llama la atención que el 13.4% señale que no haya un entendimiento en relación a la reforma.

**Gráfica 15. Frecuencia de docentes según el Nuevo Modelo y la formación de profesionales mejor preparados**

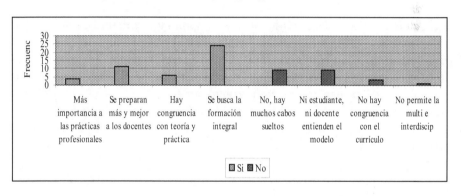

La segunda pregunta interroga si: "¿En tu unidad académica se promueve la cultura, el arte, y el deporte? El 88% de los docentes respondió que sí, aunque la mitad de ellos seleccionaron "sólo deporte". Si se suman las frecuencias de actividades de deporte, las frecuencias de la opción de "no hay tiempo" y las respuestas negativas, se encuentra que el 66% de las actividades no están encaminadas a crear cultura y conocimiento, esto es constatable que cada vez que existen recursos para encuentros deportivos, no hay para la creación del arte y difundir el conocimiento; a lo más que se puede llegar es a la realización de conferencias, en las cuales, la mayoría de las veces, tienen escasa divulgación (véase la gráfica 16).

**Gráfica 16. Frecuencia de docentes según si su unidad académica promueve la cultura, el arte y el deporte**

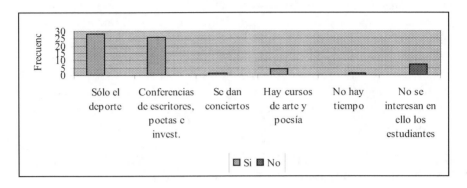

La tercera se hizo en el sentido de si: "¿Se promueven actitudes de servicio y compromiso de participación en la vida comunitaria en la UAN?". Esta pregunta tiene que ver, por un lado, con el cómo los estudiantes se involucran en la comunidad universitaria, y si además existe una identidad que les permita participar activamente en ella y, por otro, si hay vinculación con la sociedad. De acuerdo a las respuestas obtenidas, en lo general, no se perciben estas actitudes. Los docentes universitarios piensan que con el servicio social es suficiente (véase la gráfica 17).

**Gráfica 17. Actitud de servicio y compromiso de participación en la vida comunitaria de la UAN**

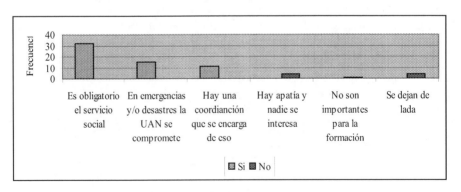

Los docentes no consideran que existan otras formas de vincularse con la sociedad, así como tampoco le dan la importancia necesaria de llevar la universidad a la ciudadanía, e involucrar a los estudiantes con los distintos eventos que se llevan a cabo en el estado.

La formación integral de un profesional tiene que ver no sólo con su preparación técnica, sino también con su formación ciudadana; implica formar en los universitarios sus propias normas de conducta y la aceptación de lo debido, lo bueno y lo justo, de ahí la importancia por exigir una formación integral y que ésta no quede sólo en el discurso, sino que se lleve explícitamente a todas las acciones universitarias.

## De la formación de ciudadanos

Se incluye este apartado porque no se puede entender una formación universitaria de calidad si ésta no incorpora, de manera sistemática y rigurosa, situaciones de formación para la ciudadanía. Para comprender la apreciación de lo anterior se elaboraron siete preguntas:

La primera se refiere a si: ¿"en tus clases promueves la participación política, a partir de la toma de conciencia y la defensa del ser como ciudadano"?, el 85% contestó de manera afirmativa, (véase la gráfica 18), aunque de éstos, solamente el 35% de los docentes aducen analizar situaciones conflictivas de política, economía y problemas sociales, por lo tanto, es necesario conocer las causas que impiden al docente promover la participación política: ¿Los docentes temen comprometerse? ¿Hay una parálisis que no permite enfrentar esta situación? ¿No se sienten con la calidad humana para discutir y fomentar la participación ciudadana? Además ¿Qué hace la universidad, que no revierte esta situación? Es necesario diseñar un programa universitario que incida positivamente en los docentes para realizar ejercicios de: reflexión, análisis, transmisión, y apropiamiento de valores cívicos y políticos, -el respeto mutuo, la solidaridad, la tolerancia, la búsqueda del bien común, la responsabilidad ciudadana- además lleve a la universidad a participar en todas las zonas del estado. Otro aspecto que no se debe dejar de lado es que la participación política es un valor clave para la democracia, ya que es un elemento de cohesión social y que permite, entre otras cosas, fomentar el respeto mutuo y la autonomía individual. Asimismo, la participación colectiva fomenta que la ciudadanía tome democrática y colectivamente decisiones y realice actividades en beneficio de los demás. Este grado de participación favorece la creación de una sociedad civil con lazos comunitarios firmes y creadores de identidad colectiva.

## Gráfica 18. Frecuencia de docentes según se promueve la participación política

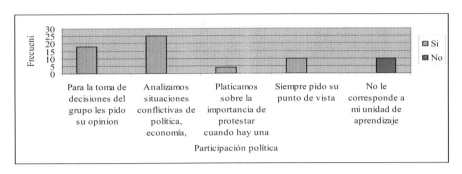

Las siguientes tres preguntas se diseñaron con la finalidad de saber si los docentes, en su práctica, promueven la formación de ciudadanos. A la pregunta: "¿en tus sesiones de aprendizaje se discuten las certezas dogmáticas, los absolutos, las respuestas definitivas?", el 84 % de los docentes contestaron afirmativamente (véase la gráfica 19). Lo anterior permite al universitario tener una aproximación objetiva al momento de argumentar las ideas de cada uno y la importancia que tiene el comprender que las certezas dogmáticas, los absolutos y las respuestas definitivas sólo llevan al totalitarismo o a la ignorancia.

## Gráfica 19. Frecuencia de docentes según si se discuten las certezas dogmáticas, los absolutos y las respuestas definitivas

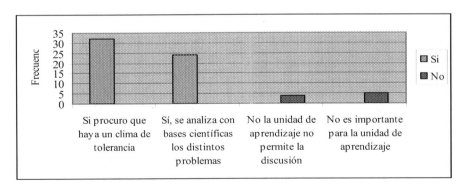

Con referencia a la pregunta: "¿tus estudiantes son hábiles para aceptar varias perspectivas y/o puntos de vistas?", el 69% de los docentes respondieron afirmativamente (véase la gráfica 20). Lo anterior representa el grado de aceptación por parte de los estudiantes a debatir las ideas que no son las suyas, pero sobre todo, a aceptar las diferencias.

**Gráfica 20. Docentes según si los estudiantes aceptan puntos de vista diversos.**

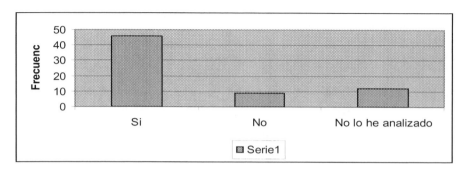

Para la pregunta: "¿Las decisiones que se toman en clase y que afectan a los estudiantes, los haces participar?", 12 docentes (18%) contestaron que no y 55 (82%) contestó: "entre todos se toman las decisiones" (véase la gráfica 21). Esta forma de trabajo permite que los estudiantes vayan tomando conciencia de la importancia que tiene tomar en cuenta al otro, además de responsabilizarse de sus propias decisiones y, sobre todo, empezar a crear una cultura de participación y de respeto mutuo.

**Gráfica 21. Frecuencia de docentes según la toma de decisiones**

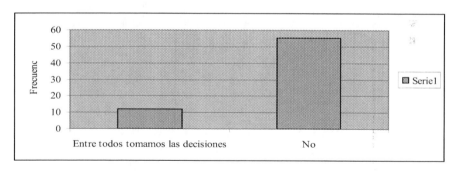

Las respuestas de las tres preguntas anteriores nos conducen a plantear la cuestión de si los docentes universitarios toman en cuenta la formación para la ciudadanía, y sí los estudiantes, durante los procesos de aprendizaje, van asimilando que compartir y debatir ideas, así como el respeto y la tolerancia, son necesarios para la formación de la ciudadanía.

En cuanto a la pregunta: "¿Consideras que en la universidad se promueve la democracia?", es interesante notar que más de la mitad de los docentes considera que no; que existen problemas para vivir la democracia en la universidad (véase la gráfica 22). Si se relaciona esta pregunta con las anteriores, se puede ver cómo existe una contradicción en el vivir este concepto, pues la mayor parte de los docentes de una u otra manera fomentan los valores de la democracia en sus estudiantes; sin embargo, en el ambiente del docente no existen condiciones para vivir plenamente estos conceptos a nivel institucional, lo cual es sumamente grave.

**Gráfico 22. Docentes según si la universidad promueve la democracia**

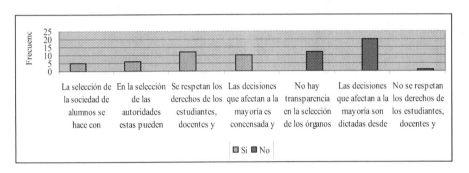

En cuanto a la pregunta: ¿"Como docente universitario, sientes que en la universidad se vive la democracia?" Al igual que en la pregunta anterior, el 52% de los docentes contestó negativamente (véase la gráfica 23). Este resultado refuerza la idea; definitivamente el docente universitario no considera que se viva en un entorno democrático. ¿Cómo enseñarla si no se vive? Es necesario reflexionar seriamente en estos resultados por los riegos que significa la circunstancia de si no se recrea la democracia como una forma de vida, la universidad, como instancia formadora pierde su carácter de promotora de la ciudadanía.

**Gráfica 23. Frecuencia de docentes, según si la universidad vive la democracia**

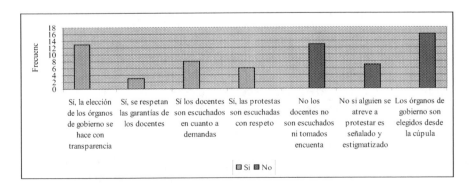

A última pregunta de esta sección: "¿el nuevo modelo educativo promueve la formación de ciudadanos para una vida de democracia?", el 48% de los docentes respondió que sí; estas respuestas se refieren a: si los estudiantes eligen libremente a sus representantes, si se les permite expresarse y si hay pluralidad de ideas y de acción; el 42 % optó por las respuestas negativas (véase la gráfica 24). Sin embargo, cuando se les preguntó si los estudiantes son tratados con justicia y, si a la hora de la toma de decisiones que los afectan, ¿son consultados?; sólo dos docentes respondieron en forma positiva.

En relación a esta sección se puede observar que, en lo general, existe la creencia en los docentes de que promueven una educación integral y una formación para la ciudadanía; sin embargo, al referirlas a la Universidad los docentes consideran que hay un problema fundamental, pues para desarrollar una formación integral ésta debe ser palpable en todas las acciones, -a la hora de elegir a sus representantes ya sean estudiantiles, sindicales, autoridades, o al momento de consensuar decisiones que afecten a todos, al momento de ingresar a la universidad, en las promociones, etc.- todo ello debe de convertirse en aprendizajes.

Los docentes tienen razón, la realidad muestra que son pocas las acciones institucionales que se logran concretar. La formación para la ciudadanía no sólo debe ser una función del docente, es también responsabilidad de la institución.

**Gráfica 24. Frecuencia de docentes según si el modelo educativo promueve una vida democrática**

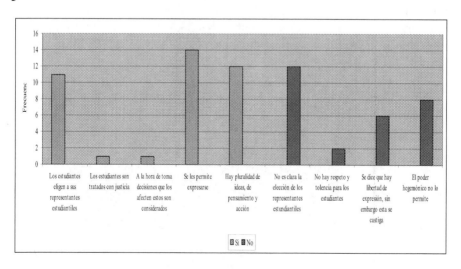

## El desarrollo del conocimiento científico y respuesta a las necesidades regionales.

Parte fundamental de los fines de la universidad está fomentar el desarrollo del conocimiento científico y por eso dar respuestas a las necesidades humanas. En el desarrollo participa el método y las teorías, pero también, la comunidad de científicos que es la universidad; de acuerdo al rector Medina (2007) es la institución por excelencia donde se produce y legitima la ciencia, en el marco de reflexiones filosóficas, éticas y políticas. Sin embargo, esta dimensión apenas se empieza a desarrollar en la UAN. Se reconoce que esta universidad tiene un carácter fundamentalmente formador y es aún poca su participación en la generación de nuevos conocimientos, porque la sociedad nayarita no lo ha visto como un recurso para el desarrollo político, ni generadora de riqueza, más bien, como coadyuvante al bienestar general. La reforma sostiene la formación de profesionales que participen del desarrollo regional e integrarlo a los procesos de globalización. La institución para incidir con mayor fuerza ha creado un marco administrativo que amplíe las capacidades de la universidad para que en un plazo no muy lejano pueda ser motor de los cambios necesarios al desarrollo general del estado, para lo cual ha creado la Secretaria de Investigación y Posgrado, ha exigido la conformación de cuerpos académicos, en los cuales se realiza la investigación, la docencia y la extensión. Generalmente los cuerpos académicos son disciplinares pues así lo ha pedido la institución, no obstante, hay varios que son multi e interdisciplinares. A partir de todo lo anterior y para comprender la percepción de los docentes al respecto se elaboraron cinco preguntas. A la primera: "¿Perteneces a un cuerpo académico?", el 61% de los docentes dijo pertenecer a uno y 36% a ninguno (véase la gráfica No 25a). Lo anterior supone que más de la mitad de los docentes hacen investigación y, desde luego, deben de tener productos que coadyuven ya sea al desarrollo regional o social.

## Gráfica 25a. Frecuencia de docentes según perteneces a un cuerpo académico

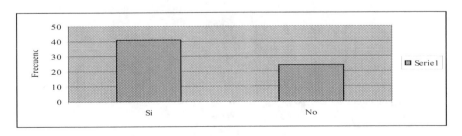

En cuanto a los docentes que afirman no pertenecer a ningún cuerpo académico, esto es debido a qué el 21% de ellos sólo se dedica a la docencia, y el 13% no tienen maestría y/o no realiza investigación (véase la gráfica 25b). En general, los docentes que no tienen maestría no hacen investigación porque eso representa mayor trabajo aunado a que no pueden acceder a la beca del desempeño académico, y porque no es considerado en las prestaciones laborales. El otro 21% que afirma sólo dedicarse a la docencia, postura interesante y valiente, pues hay muchos docentes que son *"los maestros"*, además excelentes, aunque no se dediquen a la investigación los que con su hacer diario van dejando huella en los universitarios; calladamente, sin mucho ruido, van construyendo conciencias y formando espíritus, pero desafortunadamente es un trabajo que no es considerado cuando se trata de estímulos o compensaciones, o reconocimientos.

**Gráfico No. 25b. Frecuencia de docentes según la razón por no pertenecer a un cuerpo académico**

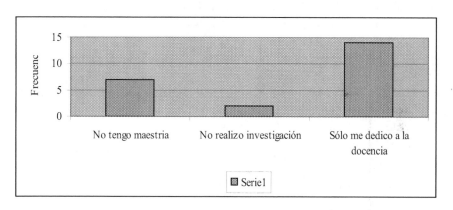

En cuanto a la pregunta: "¿realizas investigación en tu campo profesional?" 38 docentes (57%) contestaron afirmativamente y han presentado 33 resultados de investigación. Lo anterior representa un esfuerzo por parte de los docentes. En este escenario habría que considerar cuántos de ellos han incidido en la solución de algún problema y/o ha respondido al entorno regional, ya sea social, cultural, político o económico (véase la gráfica 26).

**Gráfica 26. Frecuencia de docentes según se realiza investigación en el campo profesional**

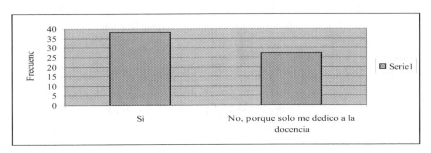

Para apreciar la formación de estudiantes en la investigación se realizó la siguiente pregunta: "¿Involucras a tus estudiantes en procesos de investigación en y durante tu unidad de aprendizaje?", el 93% de los docentes respondió afirmativamente; pero de acuerdo a la pregunta anterior, sólo el 57% de los docentes dijo dedicarse a la investigación. Esta contradicción puede observarse en las respuestas, pues una cosa es hacer indagaciones y/o investigaciones empíricas en los procesos de aprendizaje y otra es formarlos como aprendices de investigadores, como lo muestra la opción que tuvo la mayor frecuencia (33%). (Véase la gráfica 27).

**Gráfico 27. Frecuencia de docentes según involucra estudiantes en la investigación**

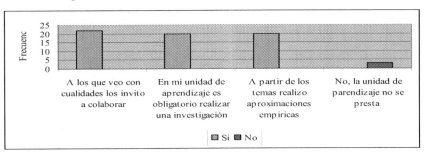

Con referencia a la pregunta: "¿La UAN **da respuesta** a las necesidades regionales?", el 73% contestó afirmativamente; respuesta que hay que tomarla con cuidado, pues si bien la UAN tiene acuerdos y convenios con los diversos sectores de la población, y ayuda firmemente en algunos sectores como es el Sector Salud, (servicio social) no tiene ni la capacidad física, ni humana y mucho menos económica, para realmente dar respuesta a las necesidades del estado, (véase la gráfica 28).

## Gráfica 28. La UAN da respuesta a las necesidades regionales

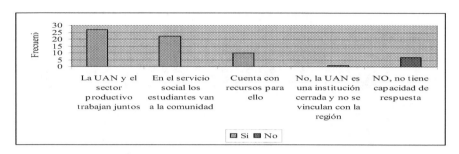

Para la pregunta: "¿La UAN promueve la creación de nuevo conocimiento?" se obtuvo que el 94% de los docentes contestaron que sí y lo relacionan con la productividad en la investigación (véase la gráfica 29). El hecho real de lo anterior es que sólo se reproduce el conocimiento y son escasas las publicaciones en revistas arbitradas, y patentes registradas.

## Gráfica 29. Frecuencia de docentes según si la UAN promueve la creación de nuevo conocimiento

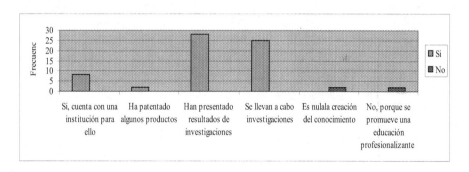

La última parte de esta sección la forma una sola pregunta: *"¿La UAN ha impactado?"*, pero con respuesta doble, por un lado se exponen seis dimensiones -en el desarrollo regional, en la transformación de la ciudadanía, en el desarrollo de la región, en la creación de un ambiente democrático en el estado, en la creación de una mejor sociedad y en mejorar el nivel de vida en el estado- y por otro, se les pide que contesten, *sí* o *no*. Las respuestas vertidas muestran ambigüedad; (véase las gráfica 30) los docentes dicen que participan en la creación de una mejor sociedad y consideran que no han impactado en la creación de un ambiente democrático. Los docentes perciben una mejoría en el entorno económico, pero no así en los aspectos de democracia, ni en la dimensión social y afectiva.

**Gráfica 30. La UAN ha impactado**

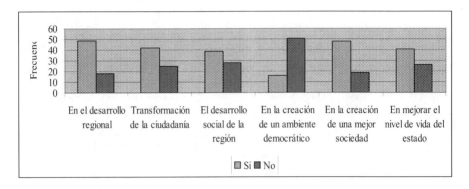

Como se ha podido observar, los docentes muestran posturas contradictorias en sus propias expresiones. Estas contradicciones fundamentan la urgente necesidad de inducir al docente a defender su papel de actor social capaz de entender las transformaciones en curso, que le permita situarse como un aliado de la sociedad en la apertura del conocimiento que nuestra época anuncia, un docente que se permita ser socio o aliado de los estudiantes para que ambos aprendan (Knight, 2006). En este sentido, el proceso de reforma ha tenido la fuerza de potenciar el desarrollo del docente en todas sus dimensiones, pues es con mucho el que puede llevar al éxito este proceso y el logro de una universidad de calidad entendida esta como una universidad democrática, para el pueblo y del pueblo y esto es una universidad con sentido propio.

**Ideal y realidad de los docentes**

Desde sus orígenes la universidad tuvo como finalidad transmitir la cultura, preservar los valores permanentes del hombre, todo ello aunado al progreso de los aspectos materiales de la vida. La universidad no sólo tiene la función de instruir sino también de formar, de llegar a ser lo que uno puede ser y nada puede ser tan arduo y azaroso como la formación de hombres y mujeres. La función de la universidad ayer y hoy es la formación de seres integrales, - formar hombres y mujeres cultos, con una cultura científica, pero también moral, artística y técnica-; propiciar una educación que desarrolle en el ser las dimensiones técnica, intelectual y moral, -una educación humanista y democrática-. Con este propósito fue construida esta universidad, con ello se forjó la UAN, pero, en el proceso actual, con los nuevos designios, se fue dejando de lado el sentido propio, el sentido de la universidad para todos, una universidad que pudiera educar a los nayaritas y responder a las necesidades presentes y futuras de la región y de México.

De los resultados de la encuesta, en lo general, se obtuvo que los docentes no tienen una idea clara sobre la reforma y su proceso. Más aún, los que han participado en ella no tienen claridad respecto a los fines y misión universitaria; muestran que hay un desvío si no total, al menos parcial, en relación a los principios de la universidad pública, al dejar de lado la formación humanista, democrática e integral. Es importante resaltar el hecho de que el reconocimiento explícito de las ideas, concepciones y prácticas de los actores y su incorporación en la vida institucional, es uno de los requerimientos principales para una universidad en transformación. Como se puede observar esto no se hizo en el proceso de la reforma, el trabajo colegiado demanda tiempo y capacitación y eso fue lo que no se realizó. No obstante lo anterior, aún cuando en los documentos y el proceso mismo de la reforma pueda existir una omisión, los docentes, en la medida de sus posibilidades y en su ejercicio áulico, retoman y reflexionan al respecto, como lo mencionan en las entrevistas.

**Formación humanista**

De las opiniones vertidas por el profesorado consultado, se deduce que existe conciencia del hecho que a una universidad con sentido humanista le corresponde formar "a seres humanos", rescatando, promoviendo y creando valores, de ahí la necesidad de explicitarla en los contenidos, en las acciones, en las aulas, en las prácticas, en el servicio social, en todas y en cada una de las acciones que se llevan a cabo en la universidad y reflexionando cada momento hasta hacerlo una forma de vida. Existe conciencia que la universidad es el lugar idóneo para pensar en el bien común, en el valor del trabajo, en el carácter sagrado de la vida, en la dignidad de la persona, para fomentar el libre albedrío, la libertad de pensamiento, de palabra y la libertad de profesar las propias convicciones. ¿Cómo legar, cómo enseñar algo que no es cabalmente vivido en todas sus dimensiones, los docentes no viven el humanismo en plenitud, en la medida en que su libertad esta coartada, se les ha enseñado a obedecer, a callar, a doblegarse, a ser indiferentes, a alinearse, a olvidar que significa ser propiamente humano. En este sentido, se hace más difícil, enseñar algo que no se vive, los docentes consideran que aunque es necesaria este tipo de formación, poco o nada se hace al respecto, esto es, se obstruye esta posibilidad.

Hay consenso en que la universidad debe retomar la formación humanista para volver a ser un lugar de aprendizaje, - para observar, escuchar, apreciar, a criticar, evaluar,- un lugar de producción y difusión de saberes, no sólo de reproducción, un lugar de respeto a la vida, un lugar donde converjan las culturas y se produzcan conocimientos, y ello debe empezar desde la formación de sus propios docentes y directivos.

## La formación democrática

El ejercicio de la democracia en la universidad debe ser una de las más importantes contribuciones de ésta para la formación de la ciudadanía, lo cual sin duda fortalecerá la democracia como forma de vida política, de convivencia justa y equitativa. Es preocupante la poca importancia que se le da en el proceso de reforma, aún cuando en el discurso se encuentran algunas consideraciones, en la práctica, poco o nada, se hace al respecto. La formación democrática universitaria debe emerger de la participación y de las condiciones de igualdad de quienes hacen vida en sus espacios y esta se traduce en prácticas en los procesos de enseñanza-aprendizaje, en la investigación, en la toma de decisiones, en las formas de concebir y practicar la dirección y o administración, con un sentido de igualdad y de justicia.

Es imperativo construir una universidad que posibilite espacios para el libre ejercicio del pensamiento, que celebre el diálogo, el acuerdo y el disenso, para que todos los universitarios aprendan el ejercicio de la democracia. Es urgente democratizar el espacio donde se reconstruye, construye y transforma el conocimiento. No se puede soslayar el hecho de que los docentes son una parte esencial en esta democratización y por eso necesitan estos espacios de libertad, de confianza, y de apoyo.

## Formación Integral

Este enfoque permite comprender que más allá de la formación técnico-científica, la formación universitaria tiene un carácter social, cultural y ético. Es un proceso complejo, abierto e inacabado, mediante el cual se contribuye no sólo a desarrollar competencias profesionales, sino también, y fundamentalmente, a forjar nuevas actitudes y competencias intelectuales, es decir, nuevas formas de vivir en sociedad.

Los universitarios reconocen que la reforma propicia más la formación profesional-técnica que la formación integral; hay una tendencia a dejar de lado las cuestiones de la formación del ser como humano; existe en el discurso, pero no así en los hechos. Se asume la importancia que tiene, pero muy poco se hace para establecer nuevos referentes pedagógicos.

Los universitarios involucrados en esta oportunidad, deben pugnar por una educación integral que permita objetar la manipulación, que potencie objetivos que lleven a los sujetos a enfrentar situaciones, noticias, críticas, opiniones e incertidumbres y orienten su accionar con un sentido crítico e independiente; una educación que trascienda la formación profesional y adquiera una dimensión de servicio social. La tarea no se perfila fácil en una universidad masificada, con restricciones de acceso, en el que cada día hay menos recursos, muy politizada, inserta en una sociedad con un trastrocamiento de valores y donde la corrupción, la violencia y el narcotráfico impactan fuertemente, compitiendo con la expansión del sector privado, el cual toma sus decisiones de cobertura, matrícula y precios a través de la lógica del mercado, ¿Qué hacer ante esta tarea? García (1991) explica que el hombre no sólo es inteligencia, también es voluntad y que para formar la voluntad es preciso cultivar valores como la reflexión, la crítica, la constancia y la tenacidad. El hallazgo trascendente en este trabajo, ha sido identificar en la planta académica, que por encima de confusiones, de contradicciones y de desvíos, el profesorado muestra que prevalece en ellos la voluntad y decisión, la convicción de construir una universidad nueva, una universidad renovada, una universidad con un sentido eminentemente humanista, una universidad con sentido propio como lo fue en un principio; hay que rescatar y potenciar el sentido original, pues solamente así los universitarios nayaritas podremos realmente afirmarnos en una identidad clara, en constante transformación y siempre abierta al devenir de los retos del futuro y el desarrollo.

# REFORMAR LA REFORMA

*Vivimos en un mundo de apariencias, y los que dirigen
la educación superior así lo perciben y lo asumen, y quizás por eso
se preocupan tanto por promover la simulación, como si tuvieran
un profundo amor por el teatro, sin entender que el teatro va mucho
más allá de la simulación y de las apariencias. Vivimos en un mundo
quebrado, decía, roto, separado, disperso, y quizá por ello, algunos
sentimos este impulso hacia el encuentro, hacia la exaltación de aquellas
partes que yacen separadas y que debemos de recuperar, rescatar, integrar.*

Luis Porter (2003)
*La universidad de papel. Pag. 7*

## Introducción

Haciendo un resumen de todo el proceso, para ubicar las conclusiones,
diremos que la Universidad Autónoma de Nayarit como una institución
social debe evolucionar de acuerdo con los cambios que se van sucediendo
en la sociedad, a fin de que sea pertinente la generación del conocimiento,
la formación de profesionistas y la difusión de la cultura realizada desde
su interior. El cambio exigido hoy a la universidad pública mexicana y por
ende a la UAN ha sido procesado como reforma, dando lugar a uno de los
movimientos de cambio más importantes en la historia contemporánea de
la educación superior. A ello han contribuido los cambios de las políticas
sobre la educación, las cuales han direccionado las reformas de las
universidades del país a través de la supeditación del financiamiento.

Las universidades, y en el caso específico de la UAN, han realizado sus reformas acordes a los procesos particulares en que cada una existe, a las propias condiciones para llevarlas a cabo y a la posibilidad de propiciar procesos internos a partir de las políticas generales. Después de más de una década el balance general de este trabajo, conduce a plantearse la *necesidad de reformar la reforma.*

## La reforma universitaria

La UAN inicia su proceso de reforma en el momento histórico de la transformación de la Universidad tradicional. Esta transformación es ocasionada por dos tipos de factores: unos, derivados de los procesos internos y, otros, derivados de los procesos externos a la misma. Los primeros, por el deseo de los actores universitarios de transformarla, de entrar en el tren de los cambios, de innovar; y los segundos, debido a la exigencia de las políticas federales, derivadas, a su vez, de la globalización de la economía, de la información y la tecnología. En estos dos marcos, el principal reto de la Universidad es conservar su razón de ser en el futuro. (Lanz, 2003; Fergusson, 2003; Morin 2002).

Al momento de iniciar la UAN el proceso de reforma, se presentaban las siguientes consideraciones:

a) La **evaluación** se había constituido en el mecanismo de regulación fundamental del trabajo de los profesores e investigadores. Como consecuencia, los profesores se vieron y se han visto despojados de la conducción y control de su trabajo, el cual se encuentra subordinado a una compleja maquinaria burocrática integrada por comisiones de pares, órganos colegiados y oficinas administrativas. Además, estas nuevas estructuras de regulación, se encuentran cada vez más sometidas a la autoridad ejercida por los altos funcionarios y orientan la transformación del conocimiento **como un bien público,** es decir como una **mercancía** ofrecida para su **venta en el mercado.** La evaluación ha reconducido las prácticas académicas, que pasan cada vez más por la maquila, la producción en serie y por el uso indiscriminado de jóvenes **obreros del conocimiento.** El problema radica en que la evaluación que se practica no persigue en realidad evaluar; por el contrario, su propósito fundamental se encuentra en la intención de conducir, tanto como sea posible, las conductas de los académicos, despojándolos del control de su trabajo y sus productos (Ibarra 2002). Mediante procesos de certificación burocratizada, se doblega al académico ante estructuras que le indican qué debe hacer, cómo, cuándo y a cambio de qué; el profesor ha sido expulsado de su torre de marfil para ser encaminado a su nuevo encierro, un mercado artificial que opera a partir del intercambio de obediencia, disciplina y ciertos productos aparentemente valorados por la institución, por puntajes canjeables periódicamente, ¡por dinero!

b) La **producción de conocimientos** no se rige más por el pensamiento y la capacidad reflexiva, sino por la producción de saberes útiles por su condición aplicada y su valor comercial, o por la publicación desenfrenada de textos de dudosa calidad que ya casi nadie lee. En suma, mientras la naturaleza del conocimiento se transforma para proyectarse como mercancía, la independencia del académico es atacada para imponerle la condición de **empleado obediente y disciplinado**. Se trata de la fabricación de un "nuevo académico" para una "nueva universidad", de la recreación de las identidades de individuos que hoy deben estar sometidos a las exigencias que les marquen los mercados de sus conocimientos y especialidades.

c) **La exigencia de una mayor calidad educativa** se ha traducido en un creciente control burocrático que se encarga de verificar que los profesores cumplan con ciertas normas formalmente estatuidas, las cuales poco inciden en la mejora del proceso educativo. Son cada vez más las señales de descomposición de un régimen académico que no ha cumplido sus promesas, que aquellas que han mantenido la efectividad política que se desprende de su capacidad de control.

d) **El investigador está siendo reconducido por los senderos de una productividad mal interpretada.** El trabajo a destajo y de acuerdo a los imperativos del mercado, han sujetado a los profesores a mecanismos de evaluación que funcionan a partir de la certificación de sus productos, atendiendo a niveles de productividad y finalidades establecidas por las instancias federales que obedecen a criterios de rentabilidad empresarial. Con ello, más que la calidad y trascendencia del conocimiento como bien público, valioso por su rigor e impacto en la sociedad, lo que importa es el volumen producido y las posibilidades para su comercialización.

e) El **aparato educativo** funciona bajo una racionalidad instrumental que produce paradójicamente sólo irracionalidad. El resultado ha sido una dosis cada vez **mayor de simulación y**

**mentiras documentadas**, de crecientes grados de corrupción institucionalizada y el surgimiento recurrente de conflictos y enfrentamientos que denotan que este sistema ya no funciona. No deja de ser una ironía, si se piensa que las políticas de deshomologación salarial y su operación a través de estos mecanismos de evaluación, tuvieron como intención inicial canalizar los recursos dedicados a la educación para que algunos académicos pudieran recuperar los niveles de ingreso, que se habían deteriorado durante la década de los ochenta.

f) En el ámbito de la educación, la Conferencia Mundial de Educación Superior reconoce que "**se carece de instituciones de educación superior e investigación adecuadas para que formen una masa crítica de personas calificadas y cultas**. Ningún país podrá garantizar un auténtico desarrollo endógeno y sostenible; los países pobres, en particular, no podrán acortar la distancia que los separa de los países desarrollados industrializados" (UNESCO, 1998).

g) **La transformación que experimenta la universidad pública** actualmente es una más de las transformaciones que ha tenido en su historia. Cada transformación ha estado ligada a los acontecimientos de la época, a la forma como se asumen y a los conocimientos técnicos y científicos de los que se parte. Sin embargo, la transformación actual de la universidad contiene un tipo de transformación diferente, ya que la aplicación de las tecnologías de la información y comunicación en amplios campos de la vida humana ha cambiado las premisas de las sociedades.

h) La **globalización o mundialización** (Derrida, 1989), como la llaman los franceses, ha transformado los sistemas político, económico y financiero, dando inicio a un nuevo orden mundial, al grado de trastornar las bases sobre las que funcionó la sociedad de los siglos precedentes. Se afirma, incluso, estar llegando a una nueva civilización (Dias, 2000).

En este panorama emerge el proceso de reforma de la UAN, proceso restringido a través de la presión de las políticas públicas y del cambio económico, mismas que a su vez se ven compelidos por los organismos multilaterales para fortalecer un tipo de universidad. Exigencias como la acreditación, la eficiencia, la eficacia, la calidad y la pertinencia, son priorizados como **indicadores de la competitividad** a la que deben aspirar las universidades en el mundo. Para países como México, y en lo particular para la UAN, cumplir tales parámetros, pierde sentido si no se vincula con la cultura, la idiosincrasia, la cosmovisión de los pueblos: en síntesis, con el contexto social y cultural en la que funcionan.

Independientemente de los cambios originados por la mundialización, ya se reconocía la crisis de la universidad tradicional (Cifuentes, 2001; Suárez, 2003; Rainer, 2006)). La crisis refería tanto a la estructura organizativa como a la organización política, al modelo formativo y a la generación y difusión del conocimiento. La UAN debe dar respuesta a sus problemas de atraso, y además, debe incorporar y generar cambios técnico-científicos, responder a las necesidades fundamentales de formación de los profesionistas que demanda la nueva sociedad, crear nuevas profesiones y capacitar al profesorado para que sea capaz de hacer realidad esas transformaciones.

El reto no es fácil: se le exige a la UAN una educación superior de calidad, relevante, pertinente, competitiva y fuertemente conectada a las necesidades de la sociedad, proceso en el cual todos están de acuerdo.

Una vez generados los procesos de reforma surgieron presiones desde diferentes perspectivas para orientarlas hacia sentidos muy diversos. En cierto momento se discutieron las exigencias del mercado y se sopesó el riesgo de convertir a la universidad en formadora de técnicos sin compromiso social, asimismo, se advirtió del riesgo de aislar a la universidad de los cambios mundiales y la de formar egresados poco competitivos y obsoletos. En suma: ¿cómo propiciar una reforma que retome la formación humanística y, a partir de ahí, sea evaluada su competitividad?

El conocimiento, como es sabido, no surge en el vacío, sino que es un producto histórico que responde a interrogantes sociales. Se gesta en una sociedad dada y responde a una epistemología, a un sistema de valores, a una cosmovisión e intereses determinados. La ciencia y la tecnología preponderantes en el sistema educativo son el resultado del modelo dominante de la racionalidad occidental. Tanto los procesos cognitivos, como la forma de percibir el mundo, la selección de problemas, el planteamiento de procesos del conocimiento, por mencionar algunos, son resultado del predominio de un sujeto particular: los varones blancos de clase media-alta de las sociedades de occidente, (Fergusson, 2003) los cuales difundieron sus intereses bajo el eufemismo de contener intereses universales. Esta forma de concebir el mundo se ha ido consolidando a través del tiempo, avasallando las cosmovisiones, los saberes, las formas de aprender y las lenguas de nuestras culturas. Esa forma de concebir el mundo es la que es aceptada y exigida por la hegemonía.

Las demandas a la Universidad, al inicio de este nuevo siglo se le presentan como paradojas, contradicciones o aporías y de las cuales la UAN no puede sustraerse:

i) Atender a un gran contingente de población excluida, cuando su integración a la universidad depende de exámenes de admisión, los cuales dejan sin acceso a la educación superior a miles de estudiantes.

ii) Se le exige educar para fomentar la diversidad, pero son los *otros culturales* los que quedan fuera de la educación superior.

iii) Se le pide atender los peligros ciertos de desaparición de sistemas culturales autóctonos, al mismo tiempo hay una exigencia de productividad, competitividad y desarrollo técnico científico, lo cual impide el desarrollo de las ciencias humanas que atenderían esos sistemas culturales.

iv) Se le responsabiliza de atender y detener las graves consecuencias del proceso de degradación ambiental en amplias regiones del país, cuando es el capitalismo sin rostro, el principal depredador, ante el cual, las universidades muy poco pueden hacer.

Hoy día el mundo entero está viviendo un cambio de paradigmas, está sufriendo una transición caracterizada por la colocación del capital humano en el centro de las fuerzas que determinan la generación de riqueza y contribuyen al logro de los ideales y metas del desarrollo. El saber y el conocimiento se han convertido en una exigencia social para el desarrollo y el bienestar de las sociedades, engendrando con ello una demanda creciente de educación y, sobre todo, de educación superior.

La UAN no debe olvidar que fue y ha sido un factor de cambio social, ya que es la única institución que propicia el desarrollo social al incorporar a la educación superior a los diversos estratos económicos-sociales que la conforman, desde su inicio ha incorporado a mujeres a la educación, a los hijos de los pescadores, campesinos y obreros, contribuyendo con ello a la movilidad social y, de alguna manera, en Nayarit particularmente, ha sido parte fundamental para el desarrollo de la democracia y la paz. Ante esta situación ¿Cómo debe reaccionar la UAN bajo estos procesos de cambio? Es indudable que ante cualquier circunstancia la universidad debe:

i) preservar su alma, esto es, preservar el principio de *universitas,*

ii) ser un lugar autónomo de reflexión, de investigación y de difusión del saber,

iii) ser el centro de reunión de toda forma de saber, de todas las ciencias, de todas las culturas.

En síntesis, la UAN necesita ser un lugar donde los distintos enfoques del conocimiento y las diferentes culturas puedan dialogar libremente, con independencia de toda lógica de rentabilidad y de toda coerción de orden nacional, religioso, económico y político, con el objetivo de progresar todos juntos en las mismas condiciones, compartiendo conocimiento y cultura, en un ambiente de respeto, tolerancia y empatía.

La UAN necesita desarrollar nuevas autonomías, porque sin ello no podría desarrollarse, no podría conservar su sentido único, ni dilucidar sus objetivos y sus quehaceres. Las autonomías deben fortalecerse frente al capital, al estado y a las iglesias.

Al momento de iniciar la reforma, las políticas educativas demandaban lograr niveles de eficiencia y calidad, sin embargo, las condiciones económicas en las que opera y operaba, difícilmente se podrían cumplir con estos niveles. Entre las exigencias más importantes se pueden destacar las siguientes:

- La necesidad de dar mayor cobertura y diversificación de la matrícula. Es un reclamo de la sociedad, ya que miles de jóvenes quedan fuera de las aulas universitarias anualmente sin que el costo social de ello haya sido evaluado. Respecto a la diversificación, ésta sigue en tela de juicio, porque la creación de sistemas paralelos de universidades, tales como las universidades tecnológicas propician la formación de "obreros de la tecnología", pero no necesariamente egresados universitarios.
- Se le demanda eficiencia y pertinencia, tanto de sus programas de estudio, como en los índices de egreso, permanencia y titulación. Para cumplir de manera satisfactoria con estos indicadores, se requiere contar con personal académico actualizado, con perfiles deseables, PROMEP, SNI, docentes-investigadores. La formación y actualización docente se convierte en una exigencia, pero requiere de apoyos institucionales, los cuales normalmente son insuficientes. Un ejemplo de ello es el Programa de Mejoramiento del Profesorado (PROMEP), el perfil requerido para lograr el reconocimiento por este programa es el de un investigador-profesor, pero los maestros que se dedican a la docencia, carecen de condiciones para convertirse en investigadores debido a que tienen excesiva carga de cursos, carecen de capacitación de posgrado,

son monolingües y difícilmente documentan sus experiencias académicas. Por otro lado, su salario no les permite dedicar recursos, ni tiempo a su formación académica ya que en la mayoría de los casos debe complementar sus ingresos con otra actividad, además de la docencia.

- Los procesos de evaluación y certificación han estigmatizado y fragmentado a las universidades públicas, ya que la evaluación y certificación se ha convertido en una clasificación de universidades de primera, segunda y tercera categorías. Hoy día existen universidades y programas evaluados, en vías de acreditación, acreditados y no acreditados. Esta clasificación genera una visión perversa del mecanismo de acreditación que consiste en otorgar una escala de valores financieros a cada una de las categorías donde no se tiene control, por parte de las instituciones evaluadas y si se hizo con profesionalismo. Estos procesos o "exigencias" son los que han obligado a las universidades a iniciar procesos de reformas y no a sus propias dinámicas internas, como requisito para el acceso a los recursos mencionados.

## Las contradicciones

La reforma universitaria en la UAN a pesar que fue un suceso deseado y a la vez necesario, ya que la universidad operaba con un modelo tradicional, obsoleto, vertical en la toma de decisiones que daba escasa respuesta a las necesidades de formación y que era necesario dar el paso a currículos flexibles, proponer nuevas carreras, otras formas de hacer docencia, en suma, se necesitaba un cambio que reactivara y transformara la inercia con que la universidad había trabajado durante treinta años, esta reforma, fue planteada desde la cúpula de la administración universitaria. Inicialmente participaron en ella los primeros niveles de la administración: rectoría, secretarios, coordinadores de área y el staff de la rectoría. Posteriormente, participaron los segundos niveles de la administración en la toma de decisiones: coordinadores de programas; y una vez decidido el proceso, se inició el cabildeo con el resto de los actores universitarios. En la implementación de la reforma no se identificaron actores que se opusieran, lo cual es significativo, pues se seguían procesos político-administrativos que generalmente ocurren dentro de los usos y costumbres, de la inercia y de la marcha de todos los días.

Sin embargo, la legitimización se realiza cuando se promueve cierta participación que algunos ven como oportunidad de cambio. Es así, que la comunidad académica participó a través de realizar propuestas para la transformación universitaria. Participaron también empresarios, políticos, y ONG's; para ello se conformaron mesas de debates, foros y coloquios organizados por la administración. En las propuestas se perfiló la universidad deseada por "los distintos actores sociales".

Una vez terminado este proceso se procedió a trabajar con los terceros niveles: administrativos, docentes, y a veces con estudiantes. En ese momento se aplicó una estrategia de cambio a partir del proceso curricular propiamente dicho, para lo cual se "decidió optar" por el modelo de competencias como el nuevo modelo curricular (otra línea nacional que se ha seguido como mandato en las IES). Estas estrategias se preocupan más por las formas que por los contenidos, así uno de los cambios más visibles observados, es el abandono de la nomenclatura de Escuelas/Facultad para dar paso a la denominación de Unidades Académicas. Lo mismo ocurrió con la nomenclatura de materias, o asignaturas, las cuales fueron transformadas en Unidades de Aprendizaje. Sin embargo, los cambios fueron incorporados desde la administración y primeros niveles de gobierno, por lo que la planta docente (siendo la principal ejecutora del cambio) carecía de la capacitación necesaria para la utilización de la nueva nomenclatura y, consecuentemente, del sistema que contenía. En ocasiones, la misma comisión curricular encargada de los cambios desconocía la aplicación práctica de estos elementos, como lo demostraron las entrevistas.

Los cambios incorporados enfrentaron a los docentes a nuevas formas organizativas, que utilizaban un nuevo lenguaje, para el cual no estaban preparados. La incorporación de lo términos como competencias, aprendizajes, flexibilidad, educar para la democracia, asumir nuevas formas de evaluación, etc., les eran poco familiares. Sin embargo, esta no-familiaridad poco a poco se convierte en el discurso oficial y termina formando parte del vocabulario propio. Como se concluye en las entrevistas, el cambio de lenguaje y sus implicaciones, eran nuevos para aquellos docentes que se encontraban en todos los niveles de toma de decisiones, estos no sólo tenían dudas en la aplicación de los procesos, sino también, como desarrollarlos y utilizarlos para los cambios del paradigma pedagógico. Había una cierta claridad en la exposición teórica de los objetivos que se pretendían cubrir con la reforma, pero, en la práctica no sabían cómo iniciar los procesos para llegar al cumplimiento de los mismos.

La confusión en el nivel de aplicación de la reforma, las dudas se magnificaron para la mayoría de los docentes que no habían sido convocados para participar en las discusiones iniciales. En este contexto, los docentes se vieron en la necesidad de diseñar sus unidades de aprendizaje a través de un modelo por competencias que desconocían. Al momento de decidir los contenidos, algunos docentes optaron por organizarse en academias, órgano alrededor del cual se ha ido organizando el quehacer académico. Esta propuesta de organización por academias, fue una respuesta de los propios profesores a fin de construir un colectivo que les permitiera apropiarse de los contenidos de la reforma. La organización por academias poco a poco se fue consolidando con la finalidad de llevar a cabo el diseño propio de la unidad de aprendizaje, sus contenidos, las prácticas necesarias, la organización de seminarios, la elaboración de guías didácticas, las formas de evaluar y las formas de llevar al cabo la clase; en fin, todo lo que conlleva el sistema enseñanza-aprendizaje bajo el contexto de lo que se consideraba el nuevo modelo.

Estos fueron los inicios del cambio curricular. Durante el primer año de la reforma se llevaron a cabo algunos esfuerzos para formar a los docentes del área común. Sin embargo, los maestros que impartieron las materias disciplinares recibieron escasa formación específica, por lo que se puede concluir que no hubo una transición suficiente que les permitiera comprender y asimilar los cambios, y, en consecuencia, todavía a la fecha persisten metodologías tradicionales como la clase magistral y la evaluación tradicional.

La Reforma Universitaria ha sido incapaz de transformar el total quehacer académico ¿Acaso la reforma universitaria consiste en provocar cambios para que nada cambie? Así como el trabajo académico permanece inalterado, también permanecen sin cambios otros ámbitos de la universidad: el tipo de saberes que se imparten, las cuotas de poder, el comportamiento autoritario (Téllez, 2006) ¿Puede llamarse reforma a un proceso que deja inalterable lo anterior?, ¿se trata de un gatopardismo?

Los esfuerzos que se hicieron para inducir la reforma dejaron fuera los aspectos de la formación humana y la formación para la democracia, ya que se enfocaron a los aspectos técnicos y en los conocimientos explícitos, dejando a fuera el desarrollo del conocimiento tácito.

¿Cómo enseñar para la democracia, cuando el docente no vive la democracia, ni participa en procesos democráticos y no puede tampoco aplicarla? En la UAN la toma de decisiones es vertical.

¿Cómo enseñar para la ciudadanía? El docente se dedica a transmitir el conocimiento explícito, porque es lo único que conoce, que sabe y que, hasta la fecha, ha venido enseñando, sin que se distinga por participar en movimientos ciudadanos y a partir de los cuales se ejerza una ciudadanía real.

¿Cómo formar en valores? Los docentes transmiten valores sin haberse preparado para enseñarlos y reproducen los de la sociedad tradicional, ya que son parte de un modelo de vida. En el mismo sentido, en la reforma se enuncian pero no se han producido los procesos formativos de la nueva docencia axiológica.

¿Cómo aprender a vivir en libertad? El tema de la libertad es polémico en cuanto tiene que desentrañarse su sentido mismo. En el ámbito universitario se pretende que el estudiante sea capaz de tener libertad para pensar, construir un pensamiento propio sobre el contexto en el que vive. Esto se convierte en una utopía cuando los profesores no ejercen la libertad de pensamiento. También se convierte en utopía cuando la propia universidad está constreñida al cumplimiento de normas y procedimientos decididos fuera de sus ámbitos y son replicados sin cuestionar.

De esta manera, el académico, por encima de su formación, va deslizándose en el camino hacia la burocratización, forzado por las reglas bajo la que opera, aunque lo lleve a tomar decisiones que sabe que van en contra del sentido de la universidad, sus comunidades y el conocimiento, y lo que es más patético aún, que se presentan como medidas razonables que desafían el más elemental sentido común. En otras palabras, el académico consciente, admite que aunque amenaza su libertad entra a esa jaula de hierro, para formar parte activa de esos mecanismos impersonales de irracionalización de los que cree que no es posible escapar.

Es así, que como cuestiones que deberían decidirse utilizando otros medios y otros criterios, se deciden dentro de la lógica de costo-beneficio pero se disfraza bajo "la idea de lograr una mayor eficiencia". Los fines de la educación se constriñen a la demanda de maximizar la producción, aunque sea utilizando tabuladores grotescos, midiendo el trabajo académico por el número de egresados, citas, publicaciones y, en suma, por todo aquello que se traduce en "puntos". Bajo esta lógica, sólo cuenta lo que se vuelve relato; el resto simplemente, deja de existir.

Las características particulares que asumió la implementación de la reforma en la Universidad Autónoma de Nayarit son:

i) La reforma no tuvo un solo patrón de implementación, una trayectoria definida, ni participaron los mismos actores en el proceso. Los asesores externos cambiaron y, con ello, las visiones sobre la reforma, y desde el principio se produjo un cambio de administración rectoral.

ii) El eje de la reforma fue el cambio, sin que se tuviera claridad en la Universidad que se quería construir. La reforma se tradujo en cambio de nombres más no de procesos académicos.

iii) A pesar de que la reforma fue deseada por los actores internos de la universidad, el origen de la misma fue externo, por lo que se atendieron los lineamientos de las políticas educativas nacionales antes que las necesidades propias, es decir, se atendieron las recomendaciones de los organismos internacionales y se silenciaron las demandas internas.

iv) La reforma intenta responder a las demandas sociales, pero no constituye un compromiso real.

v) Surge en el ámbito administrativo y se ha quedado en él. El resto de los ámbitos universitarios ha sido muy poco permeado por la reforma.

vi) La implementación de la reforma fue heterogénea ya que en las diversas áreas del conocimiento ha tenido distintos ritmos y trayectorias, predominando la simulación.

Una reforma como la que se realizó en la Universidad Autónoma de Nayarit requiere de recursos para llevarla al cabo: recursos humanos, ideológicos, herramientas basadas en la verdad y en la auténtica búsqueda del cambio, ya que debe implementar procesos diferentes en ambientes que posibiliten otras productividades académicas. Requiere inversión en infraestructura, procesos de formación de los involucrados y desarrollo en investigación; de ahí se deriva que aquellas universidades que cuentan con recursos económicos suficientes pueden lograr sus metas, siempre y cuando estén suficientemente bien planteadas. En este sentido, una universidad como la UAN, con escasos recursos y metas imprecisas, difícilmente alcanzará los indicadores para lograr obtener estándares de validez nacional e internacional. La acreditación de programas académicos se ha convertido en un círculo vicioso, porque depende de la inversión de recursos y, a su vez, las universidades no acreditadas no tienen acceso a esos recursos por la falta de acreditación. Si hacemos una reflexión en torno a: ¿quién determina los indicadores de la acreditación?, y si realmente ¿son mejores las universidades acreditadas que las que no lo son?, ¿qué evidencias se tiene de ello? ¿Se han hecho estudios sobre la calidad, la pertinencia y el impacto de la educación en la sociedad? ¿Los egresados de programas acreditados son mejores profesionales, encuentran más pronto trabajo e impactan en la problemática del entorno social? En fin, estas preguntas pueden ser propuestas para próximos análisis, pero las aquí presente son suficientes para dar una imagen del *status* que guardan las universidades de México.

Cuando un gobierno está comprometido con la educación universitaria, tiende a ampliar la cobertura de la educación superior, a fortalecer las instancias que ya existen y, centra en ellas sus objetivos de política social, fortalece su cultura democrática y diseña mecanismos de largo aliento para alcanzar un desarrollo social más equilibrado (De la Fuente, 2000). ¿Ésta actitud es precisamente lo que hace falta en las universidades: el apoyo fuerte de las instancias federales, sabiduría y la confianza en sus instituciones?

Confrontar la posibilidad y la exigencia de transformar a la universidad para recrear un proyecto de existencia social, tiene que despojarse del individualismo post-ético (Lipovetsky, 1998), producido por la diseminación universal de los mercados y la administración. Hay que reinventar la universidad bajo patrones inéditos e in-imaginados, de alimentar diálogos y conversaciones que conduzcan a la construcción social de la función de la universidad (Ibarra Colado, 2006). Se trata de construir una universidad con la capacidad para comprender y cuestionar al mundo, para pensarlo de otra manera, desde las utopías que subvierten el poder de lo existente y lo instituido, de todo lo que se resiste con la finalidad de conservar sus privilegios; eso permitirá dialogar y debatir para ir más allá de lo que podríamos pensar como individuos aislados, para construir socialmente, mediante la movilización de nuestras capacidades reflexivas esa universidad que, en verdad, se espera que sea, algún día.

## Resultados de la reforma

Cuando se planeaba la reforma y se convocaron los foros sobre la universidad que queremos, sobre la universidad deseada, se empezó a jugar con los idearios universitarios y a brillar algunas ideas, algunos sueños. Se empezaba a construir una "Universidad con sentido propio", una universidad edificada con los sueños de los universitarios; el proceso empezó bien, nadie cuestionó la reforma, al contrario, todas las voces se oyeron, los actores imaginaron el cambio, se dialogó y se discutió. Se recordó la génesis de la universidad, el proceso de construcción, cuando la participación de la ciudadanía ansiaba su universidad y, en este mismo sentido, se percibió la necesidad del cambio de la universidad del pueblo, de "la universidad de los nayaritas". Este fue de nuevo el motor de la reforma, fue lo que realmente impulsó la reforma. Sin embargo, como un globo aerostático, poco a poco, este espíritu se fue... perdiendo. El modelo educativo fue imponiéndose por fuerza de las coyunturas del poder vertical; esa participación que se había promovido, cedió el paso a planes de contingencia y a medidas de sobrevivencia. "Se tapaba un hoyo y se abrían tres nuevos", al decir de los docentes universitarios. Se dio paso a la improvisación. Llegó un momento en que dejaron de tener explicación los hechos, los procesos y las acciones más comunes. ¿Cómo enseñar un contenido a través de competencias, y cómo evaluar o como certificar procesos? Nadie sabía cómo.

La reforma perdió piso y, aunado a ello, se percibió una ausencia del componente crítico y creativo del quehacer universitario. ¿No se supo defender el fuerte? ¿Se apagaron las voces activas y motivadoras del cambio? ¿Se dejaron de responsabilizar del cambio o las autoridades arrebataron a los actores principales la responsabilidad de llevarlos al cabo?

Esto puede llevarnos a plantear que la reforma no debió decretarse. Cualquier proceso de reforma lo que requiere es una plataforma donde los actores puedan procesar democráticamente las diferencias, donde los conflictos y contradicciones encuentren cauces constructivos de resolución, y donde los proyectos puedan encarnar la realidad de la universidad.

A la pregunta hecha desde el marco macro del modelo original de la UP, y al observar las tensiones creadas en el seno de la UAN por la implantación del modelo "empresarial" por una parte, y la defensa y prevalencia de los rasgos básicos del modelo "académico", resguardados por académicos comprometidos por el otro, ¿Cuáles son las evidencias que permiten distinguir los efectos de los cambios propuestos por el primero, frente a los signos de permanencia y evolución que mantienen, al segundo?

Debe responderse que la reforma de la Universidad Autónoma de Nayarit, no ha sido capaz de construir un sujeto apto, dispuesto para apropiarse de la reforma y llevarla al cabo hasta sus últimas consecuencias. En la práctica, todas las acciones académicas, administrativas y normativas, son fuertemente politizadas, y con un manejo central, lo que imposibilita que los escasos esfuerzos que se hacen desde la base, para definir con cierta independencia el modelo de organización de una universidad con sentido propio, lleguen ya no a un feliz término, sino cuando menos a propiciar algunos cambios tendientes a realizar una "reforma real". De ahí que la reforma tenga un perfil administrativo de cumplimiento, (ISO-9000, certificación de los programas) y no de generador de procesos capaces de cambiar la dinámica del quehacer académico.

Está visto que construir una nueva universidad bajo el viejo paradigma es imposible, por ello los universitarios deben construir una agenda que sea capaz de articular todos los componentes de una verdadera reforma y trabajar en ella, pero sobretodo, luchar para llevarla al cabo.

En cuanto a los principios que rigen a la Universidad como es la formación humanista de los futuros egresados, el dar respuesta a las necesidades regionales, y a la formación de ciudadanos democráticos, se constató que en el discurso escrito los principios se conservan; sin embargo, de acuerdo a los resultados generado por este trabajo, se puede afirmar, que hay una pérdida en relación a estos principios, toda vez que los recursos económicos que percibe la UAN no le permiten responder a las necesidades de educación del pueblo, y tampoco que los maestros universitarios hayan olvidado el origen y el sentido social de la universidad, y en especial, el sentido de democracia vigente en el pueblo mexicano.

Con relación a la pregunta: ¿Qué tendencias pueden identificarse entre los miembros de la comunidad de la UAN, en términos de acciones de resistencia con el fin de preservar ciertos valores, y de acciones de adaptación hacia las nuevas reglas de juego? Y en el caso que ambas conductas ocurran intercaladamente, ¿qué rasgos asume la combinación de las mismas?

Es sorprendente que aunque en un principio, en los primeros foros se dio la oportunidad de expresar la idea de universidad para los diversos actores, una vez iniciada la reforma no hubo espacios para el debate, para la argumentación, para la crítica, por lo que no fue posible incorporar las visiones reales de los docentes en la reforma. Por otro lado, aun cuando de alguna manera se realizaron esfuerzos por capacitar al personal docente, esto no fue generalizado, más bien, fue escaso y segmentado. Los docentes que participaron en la primera y segunda fase y que se les dio información de cómo llevar al cabo los cambios, se dedicaron a tratar de "cumplir" -pues no había tiempo para más- sobre todo lo inmediato, sin cuestionar, sin discutir, ni argumentar; incorporaron sólo algunos investigadores y a los pocos que poseían un grado académico que representaban "la masa crítica" de la universidad. A los docentes que les tocó el diseño de sus unidades de aprendizaje (la gran mayoría), docentes que ejercen el oficio de enseñar y que no son investigadores y en la mayoría de los casos no poseen grado, a ellos no se les dio ninguna formación, acaso alguna "charla" sobre cómo diseñar sus cursos por competencias. Estos se dejaron llevar por la apatía, por el "ahí se va". Ni unos ni otros objetaron, se dejaron avasallar, planeado o no, por las prisas, por lo urgente, lo inmediato, por la prudencia y no la sabiduría. De nueva cuenta, el futuro nos había alcanzado.

El docente universitario, vive la reforma con cierto escepticismo, perplejo y desconcertado, sobre todo por la escasa preparación que tuvieron en el proceso de reforma. Se obvió una regla de oro: que todas las reformas educativas deben conllevar un debate sobre la formación del profesorado "las reformas deben partir del sensato principio según el cual no se puede modificar la educación sin cambiar los procedimientos mediante los que se forma al profesorado". De nueva cuenta, el docente fue el gran "olvidado" de la reforma.

Aunque el docente es consciente de las disputas entre la aproximación macro de las políticas federales y sus formas de concebir la educación (visión micro), poco o nada se ha podido hacer, se han dejado arrastrar por esta visión neoliberal del más apto, que hace sentir al docente, como no apto, no calificado, que en gran parte él es culpable de la crisis educativa, y que lo mejor que puede hacer es aceptar lo propuesto y hacer lo que se dice, so pena de ser sancionado (no acceso a promociones, becas y otras remuneraciones): culpable y víctima al mismo tiempo.

¿Actúan los docentes con conciencia de esta disputa entre modelos o, simplemente, la perciben a medida que ocurre, planteando estrategias espontáneas de sobrevivencia bajo las reglas del juego cambiantes?

En este sentido, en lo general el docente universitario, se apegó a las reglas del juego, de ahí que todos los maestros iniciaron el diseño de los contenidos y estrategias de aprendizaje, acorde al nuevo modelo; pero al realizarlo trataron de apropiarse de información que les permitiera llevar al cabo de la mejor manera lo anterior, se vieron en la necesidad de conformarse en academias, esto le permitía entender mejor los nuevos procesos y poder realizar sus nuevas tareas. La conformación de las academias ofreció al docente vincularse con otros docentes, y ello ha sido lo más benéfico de la reforma, pues ha permitido que los docentes se reúnan a dialogar, a debatir, a poner en juego sus saberes y, en este interjuego, se manifiestan sus resistencias, su insatisfacción, sus frustraciones, pero sin embargo, predomina el sentido del deber, el deseo de hacer lo mejor para la universidad, de rescatar ese sentido único que tiene la Universidad Autónoma de Nayarit. El docente al trabajar con las nuevas aproximaciones pedagógicas lo hace desde su filosofía de vida, desde su libre albedrío, toman lo que ellos consideran pertinente y dejan de lado lo que no, y de alguna manera, plantan la semilla del cambio.

Precisar cómo se expresan las tensiones entre el modelo impulsado por las políticas que tienden hacia la universidad empresarial y el modelo de la universidad humanista, con sentido regional, que llamamos "académico", se identificaron los principios por los cuales se rige la reforma, principios que van desde una formación integral, democrática, de ciudadanos críticos y solidarios con equidad en el acceso, con parámetros como calidad, productividad, eficacia y eficiencia, avatares del paradigma económico neoliberal, que al reproducirse impacta no sólo a la universidad, sino a toda la estructura social. Por lo tanto, es cierto que el modelo tradicional universitario ya ha cumplido su función histórica, y en consecuencia está agotado, sin embargo no se debe de perder de vista que la universidad debe recuperar su función social y por ende, los principios de formación humanista, integral y democrática. De ninguna manera la formación de la ciudadanía debe quedar en manos de instituciones educativas que respondan a la lógica del mercado.

Aun cuando haya cambiado el mundo y se está ante una nueva civilización con nuevas características de aldea global, los principios que sustenta la educación no han perdido vigencia y, por ello, debemos luchar por retomarlos, robustecerlos y hacer de ellos y con ellos, un bastión que lleve a una vida democrática en la nueva dimensión civilizatoria. Si bien es cierto que los recursos económicos que le permitan a la universidad cumplir cabalmente con los principios para la cual fue creada seguirán siendo escasos, es necesario que ante esta situación y, a pesar de las distintas exigencias, seamos creativos para que nuestra universidad pueda dar respuesta a las necesidades de educación de la sociedad actual.

Identificar si prevalecen los principios de la universidad humanista con sentido regional en el quehacer docente, o si se ha perdido el sentido de humanitas; es destacar un nuevo rasgo que no queremos soslayar y que es el que nos lleva a las posturas del final de este documento: perder nuestra energía y esperanza y llegar a creer que no hay alternativa, que no hay reforma posible y que estas son las reglas del juego a las que necesariamente nos debemos de someter. Hay que luchar contra la sensación de que no hay nada que podamos hacer frente a estas fuerzas, la percepción de que los planes institucionales deben forzosamente tomar la forma de los PIFIS (Porter, 2003) o de que nuestra labor cotidiana debe ajustarse necesariamente a las exigencias de los programas de evaluación por puntos. Este determinismo fatalista asume que nuestro encierro es obligado, pues está gobernado por fuerzas a las que no nos podemos oponer, a menos que desmontemos las estructuras institucionales bajo las que la educación superior ha operado en las últimas décadas. Si asumimos que no hay alternativa, seguiremos sometidos a las reglas que dicta el mercado y la política o el Estado que las preserva y promueve. Bajo este punto de vista pesimista e inmovilizador estaríamos entonces escribiendo este texto y muchos otros, inútilmente y sin el menor sentido, ya que se trataría de aspiraciones irrealizables ante las que más nos convendría declararnos impotentes.

Ante esta posibilidad de escenario conformista y desolador, preferimos sumarnos a la voz de filósofos contemporáneos que han analizado la problemática del mundo actual en todas su dimensiones para indicar que toda teoría fatalista, terminante, es abstracta y está errada. El cambio en el nivel individual debe serlo también en el institucional. Siguiendo esta posición podemos afirmar que la batalla por la reforma universitaria no es una batalla de unos pocos académicos, ni de los que se encuentran en la cúpula, ni de los que nos encontramos en la base apelando a las mentes y los corazones de los tomadores de decisiones. No es la esperanza o la lucha por un cambio de actitudes, de conductas, de apariencias a lograr por medio de negociaciones promovidas desde nuestro descontento individual. No es posible cambiar con palabras un territorio institucional que es fundamentalmente, político. Como hemos tratado de demostrar en este trabajo, la pérdida de libertad, de dignidad, de ubicación y sentido de pertenencia que vamos sufriendo, es la consecuencia política de este "razonamiento instrumental" aplicado por el triunvirato SHCP-SEP-SESIC en las instituciones, constriñendo cada vez más la capacidad de los académicos para optar y decidir de acuerdo con sus motivaciones sustantivas expresadas en la educación, el conocimiento y la cultura. No es la especulación teórica, sino las condiciones de la vida cotidiana, lo que lleva a una reflexión seria sobre la presencia que vamos perdiendo como individuos y como grupo, en la medida en que no es simplemente el salario lo que se ve afectado, sino la propia identidad como seres humanos.

Se trata de un esfuerzo reflexivo para propiciar un diálogo que, esperamos, se extienda entre nuestras comunidades y la sociedad, con la finalidad de lograr los consensos necesarios para modificar el estado en el que se encuentra actualmente la evaluación y la situación salarial de los académicos del país, rediseñando de esta forma, nuestras propias alternativas de futuro.

## Lo que no se debe olvidar en el proceso de reforma

Como se ha podido observar, los universitarios nayaritas de manera incuestionada y quizás irreflexiva o con la emoción del momento aceptamos la reforma, y empezamos a trabajar en ella de acuerdo con lo que en ese momento era lo apremiante, lo recomendable, pero no hay que olvidar que un proceso de reforma aborda cuestiones que podríamos enumerar de la siguiente manera:

i)   A través de las universidades públicas los pueblos se van formando, se van desarrollando y consolidando socialmente. A través de ella, hombres y mujeres, se forman y esta educación profesional les permite desarrollar tareas que les brinda oportunidades de tener una calidad de vida digna, dentro del marco de una sociedad justa y de progreso.

ii)  La universidad al estar en el centro del conocimiento y éste en el centro del desarrollo, se constituye en una pieza clave de la sociedad contemporánea, la cual requiere de profesionales con dinamismo y flexibilidad para adaptarse, en lo posible, a los cambios que se suceden.

iii) La universidad tiene que cumplir su función crítica dentro de la sociedad y cumplir su misión pública: el desarrollo de la educación ciudadana.

iv)  Cuando se hable de calidad, ésta debe girar en relación a la educación para la democracia y para la producción de los bienes y servicios para la comunidad y en contra de todo poder que pretenda quitarles ese derecho. Brindar una educación de calidad es ofrecer una cultura donde se aprende a escribir y a relatar, a calcular, a recordar y experimentar, imaginar y realizar con una actitud que le permita someter sus opiniones, juicios, creencias y conocimientos a los distintos métodos de observación y experimentación en el campo de los hechos y de las luchas, en el trabajo y en las actividades diarias o en las actividades políticas y sociales (González, 2001)

v)   La educación para la democracia debe hacerse a partir de un proyecto incluyente, participativo y representativo, que haga, de la educación y el conocimiento, el eje de la transformación.

vi)  Se debe considerar que el sujeto es un ente histórico.

vii) La universidad tiene la responsabilidad ética con la ciencia y con la sociedad y debe rendir cuentas en lo individual y socialmente.

viii)Hay que enseñar a las nuevas generaciones, tanto de docentes como discentes, cuál es el origen de la universidad, por qué es universidad pública y recordarles el principio rector del artículo tercero constitucional que rige y da vida al sistema educativo y en consecuencia al universitario.

¿Queda algo por realizar?

Modestamente me he permitido proponer algunas reflexiones:

- Reconceptualizar a la universidad pública y definir sus nuevas responsabilidades frente a la sociedad.
- Recuperar a la universidad como un espacio para el cultivo de la democracia.
- Reconstruir las prácticas universitarias que respondan no sólo a las exigencias derivadas de la lógica del mercado, sino también a la lógica de la construcción de una nueva forma de pensar, y hasta de una nueva civilización.
- Recobrar la voz problematizadora crítica de antaño, que permita reinventarnos y poner en marcha la capacidad de construir un diálogo crítico entre docentes, estudiantes y autoridades, y en esa construcción, aprender a escucharnos, pero sobre todo, oír a los desposeídos.
- Que la universidad se convierta en un lugar para la generalización de valores colectivos como libertad, igualdad, fraternidad, justicia, solidaridad, tolerancia, diálogo, honestidad y civismo.
- Proporcionarle a la duda, a la creatividad, a la invención, nuevas caras, para que con ello surjan nuevas formas de pensar, decir, hacer y sentir.
- Concebir un modelo universitario y que su diseño curricular se elabore desde abajo, con una toma de decisiones horizontales, con las academias y con los cuerpos académicos.
- Pensar seriamente en la reformulación del rol de las profesiones y del mercado de trabajo.
- La reforma menciona como fundamental la gestión académica por encima de cualquier gestión. Hay que llevarla a la práctica, luchar porque no sólo exista en el discurso.

# REFERENCIAS

Ander-Egg, E (2001). *Métodos y técnicas de Investigación Social I. Acerca del conocimiento y del pensar científico*. Buenos Aires, Argentina. Ed. Distribuidora Lumen.

ANUIES, (1999). *Cooperación, movilidad estudiantil e intercambio económico*. Consultado el 8 de abril de 2006 en: http://www.anuies.mx/index1024.html.

ANUIES, (2002). *La Innovación en la Educación Superior*. Documento estratégico Consultado el 4 de noviembre de 2005 en: http://www.anuies.mx/index1024.html

ANUIES, (2005). *Programas de Posgrado Interinstitucionales de la Región Centro Occidente*. Documento de trabajo del Posgrado Interistitucional PICP.

Anzaldo, Velásquez E. et al (2002). *Nuevo Modelo Curricular*. Propuesta. Documento de trabajo. Documento en electrónico y fotocopiado.

Agyris, C y Schön, D.A. (1974). *Theory in practice: increasing professional effectiveness*. Jossey Bass. San Francisco

Agyris, C. y Schön, D.A (1978). *Organizational Learning. A Theory of Action Perspective*. Reading/ Mass. 1978.

Basave, Fernández del Valle, Agustín (1971). *Ser, quehacer de la universidad*. Universidad Autónoma de Nuevo León.

Brunner, J.J. (1990). "Universidad, sociedad y estado en los 90", en *Nueva Sociedad*, núm. 107, mayo-junio pp, 70-76.

Buendía, L, Colás y otros. (2001). *Métodos de Investigación en Psicopedagogía* .Madrid: McGraw-Hill.

Carrasco, J y Caldedero, J. (2000). *Aprendo a Investigar en Educación*. Madrid: Rialp, S.A.

Caso, Antonio (1942). *El peligro del hombre. Reseña, Filosofía y Letras*, Vol. IV, No. 7 (julio-septiembre 1942), pp. 111-117, México.

Cason Jim y David Brooks. (2001). *La Insignia".* La Jornada. México, 2 de mayo. Disponible http://www.lainsignia.org/2001/mayo/soc_008.htm. Localizado en febrero 2007

Cifuentes, Seves L. (2001). *Crisis Universitaria e Investigación.* Ciencia al Día.Vol.3 No. 4. Consultado el 20 de enero de 2007. Disponible en: http://www.ciencia.cl/CienciaAlDia/volumen4/numero1/articulos/v4n1a7.PDF

Cohen, M y J.M. March (1974). *Leaderschip and Ambiguity: the American Collage President,* Highstown. McGraw-Hill.

*Constitución Política de los Estados Unidos Mexicanos.* Versión Electrónica. Instituto de Investigaciones Jurídicas. Disponible en: http://ww.info4.juridicas.unam.mx/ijure/fed/9/-36k.

De la Fuente, J.R. (2000). *Mensaje en la ceremonia de investidura de Profesores e Investigadores Eméritos.* 25 de Septiembre. Consultado en febrero de 2006, disponible en: http://www.dgi.unam.mx/rector/mensajes/2000/25sep00.htm.

De Vries W. (2002). Políticas federales en la educación superior". *The Alliance for International Higher Education Policy Studies.* Consultado 5 de octubre de 2006 en: www.nyu.edu/iesp/aiheps/Mexican%20Papers/PoliticasFederales%20Espa%F1ol%2024-9-02.pdf.

Delgado, Barrios, J. C. (2003). La reforma universitaria base para una estrategia de transformación institucional.[Versión electrónica] *Educere* Año/Vol 7 No. 023. Universidad de Los Andes. Consultada el 10 de agosto de 2006 en: http://redalyc.uaemex.mx/redalyc/pdf/.

Derrida, J (1989). *"Las pupilas de la universidad. El principio de razón y la idea de universidad",* en *Cómo no hablar y otros textos.* Barcelona, Proyecto A. Ediciones.

Dias, M.A. (2000). "Integración y Educación" en *Una solución a la crisis latinoamericana actual.* Universidad de Deusto.Bilbao.

Esquivel, Estrada N. H. (1998). *El profesor universitario. Concepto de Universidad.* Centro de estudios de la universidad. Universidad. Autónoma del Estado de México. Consultado el 10 de octubre de 2005 en: www.uaemex.mx/ceu/publi/univers/univer22.pdf

Fergusson, A. (2003). *El debate sobre la Reforma Universitaria: una síntesis.* Consultado en diciembre de 2006. Disponible en: http://wwwielsalc.unesco.org.ve/programas/reformas.

Fergusson, A. (2003). "Relevamiento de experiencias de reformas universitarias en Venezuela". *Informe Final.* Proyecto IESALC/UNESCO. Consultado. Diciembre de 2006. Disponible en: http://www.ielsalc.unesco.org.ve/programas/reformas/venezuela/informefinal.pdf.

Festinger, L. (1979). *Los métodos de investigación en las ciencias sociales*. España: Paidós.

Fuenmayor,, A. M. (2001). "Un horizonte para la universidad", en JorgeDávila (Comp.). *Pensando en la universidad*, Mérida, Venezuela,Panapo.

Fuentes Molinar, O. (1989). «El acceso a la escolaridad en México, 1982-1988». *Cuadernos Políticos*, n.58, México, ERA, septiembre-diciembre.

Fuentes, Molinar, O. (1989)."La educación superior en México y los escenarios de su desarrollo futuro", *Universidad Futura*, México: Vol. 1, N° 3, oct., 2-11.

Gago, A. (1989). "Veinte telegramas por la educación superior y una petición desesperada", *Universidad Futura*, México: Vol. 1, N° 1, feb. 18-21.

Galindo, J.L. (1998). *Técnicas de Investigación en sociedad cultura y comunicación*. Ed. Pearson. México.

García Hoz., V (1973). *Principios de pedagogía sistemática*. Ed. Rialp, Madrid.

García Ramos, V (1991). *Ambiente, organización y diseño educativo*. Ed. Madrid: Rialp.

Gil Antón, Manuel (1999). "Mitos y paradojas del trabajo académico II: la nueva generación" en A. Acosta (Coord.) *Historias paralelas. Un cuarto de siglo de universidades públicas en México. 1973-1998*, UACJ, pp. 79-106.

Gil Antón, Manuel (2004). "Amor de ciudad grande: una visión general del espacio para el trabajo académico en México" en *El ocaso del gurú. La profesión académica en el tercer mundo*. Philiph G. Altbach. Coordinador. Cultura Universitaria. UAM. México, D.F.

Gimeno, S. J. (1981). *Teoría de la enseñanza y desarrollo del currículo*. Anaya. Madrid.

Gimeno, S. J. (1998). *Poderes inestables en educación*. Madrid. Ediciones Morata.

Gimeno, S. J. (1998). "La educación pública: cómo lo necesario puede devenir en desfasado" en *Escuela Pública y sociedad neoliberal*, 65-82. AAVV. Miño y Dávila. Buenos Aires.

Gimeno, S.J. (2001). "Políticas y prácticas culturales en la escuela: Los abismos de la etapa postmoderna". *Fundamentos en Humanidades*, primavera. Año 2 No. 4. Universidad de San Luis Argentina. Consultado en enero de 2007. Disponible en http://www.redalyc. uaemex.mx/redalyc/pdf/184/18400401.pdf.

Giroux, Henry, (1983). "Teorías de la reproducción y la resistencia en la nueva sociología de la educación: Un análisis crítico" en *"Harvard Educational Review" n°3, 1983*.consultado en: http://bibliotecaelariete. files.wordpress.com/2007/09/teoriasderesistenciaeneducaciongiroux.doc.

Glazman, R. (2005). "La reforma educativa, algunos cambios requeridos". Simposio Autoestudios Institucionales 2004. FFL.UNAM Febrero.

González Casanova, P. (2001). *La Universidad necesaria en el siglo XXI*. México DF. Colección Problemas del Desarrollo, Ediciones Era.

Heath, Jonathan (2007). La pobreza en México". *Ejecutivo de las finanzas*. Núm. 5107 Disponible en http://ejecutivosdefinanzas.org.mx/articulosphp?id_sec=24&id_art=887. Localizado en diciembre de 2007.

Hernández, G. (1998). Paradigmas en Psicología de la Educación. México, DF: Paidós.

Ibarra Colado E. (2002). "La nueva universidad en México: Transformaciones recientes y perspectivas". *Revista Mexicana de Investigación Educativa*, enero-abril, vol 7, núm. 14 pag. 77).

Ibarra Colado, E, (2003). *La universidad en México hoy: gubernamentalidad y modernización, México*: UNAM/UAM-I/UDUAL, segunda reimpresión. Disponible en http://estudiosinstitucionales-uamc.org/biblioteca/libros.htm.

Ibarra Colado, E, (2005). "Origen de la empresarialización de la universidad: el pasado de la gestión de los negocios en el presente del manejo de la universidad" en *Revista de la Educación Superior*, Vol. XXXIV, Núm. 2, 13-37. Disponible en http://www.anuies.mx/servicios/p_anuies)publicaciones(revsup/134/02.htm

Ibarra Colado, E. (2006). "Educación superior, entre el mercado y la sociedad: apuntes para mejorar su función social". *Revista de Educación Superior*, abril-junio XXXV (2) No. 128. ANUIES. México.

Ibarra Colado, E. (2007) "Formas de organización y gestión". UAM-CUAJIMALPA. Consultado Julio de 2007. Disponible en: http://www.estudios-institucionales-uamc.org/autoestudio3/GIESFU-02/Eje09-Avance01.pdf.

Ibarra Colado, Eduardo y Luis Porter Galetar (2007). "Disputas por la universidad, entre el mercado y la sociedad: dialogando sobre lo que nos ha sucedido y sobre lo que nos aguarda" en CAZÉS, Daniel et al. (coords.) *Disputas por la universidad: cuestiones críticas para confrontar su futuro*. México: CEIICH-UNAM.

IESALC (2003). "Reformas e innovaciones en la educación superior en algunos países de América". Localizado el 2 de agosto de 2006. Disponible en www.iesalc.unesco.org.ve/pruebaobservatorio/INFORME%20RAMA%20ESLAT/Cap%EDtulo%20VII.pdf

Imaz Carlos (1994). *¡Rompan Filas! Inertia and Change in The Pedagogy and Politics of Teachers*. Tesis doctoral, Stanford, USA.

Imaz, Carlos (1995). "Micropolítica y cambio pedagógico en la Escuela Primaria Pública Mexicana". Perfiles Educativos ene-marzo 95 N° 67

Kent, R., (1993). "Higher Education in Mexico: From Unregulated Expansion to Evaluation", *Higher Education*, Vol. 23, January, 1993. Kluwer Academic Publishers.

Knight, Peter T. (2006). *El profesorado de Educación Superior*. Formación para la excelencia. Ed. Narcea, S.A. Madrid, España

Korn, Alejandro (1921). "La reforma universitaria". (1918-1930). Caracas, Biblioteca de Ayacucho, s.f. 2 Exposición publicada en el diario *El Argentino*, de La Plata, durante el desarrollo de la huelga estudiantil de 1919. Consultado en enero de 2007. Disponible en: http://www.iesalc.unesco.org.ve/pensamientouniv/pensamientounivasp?order=PAIS&Exp=60#60.

Lanz, R. (2003). Qué quiere decir "reforma universitaria"?. *Informe Final* ORUS-IELSAL-CUPEL. Caracas.

Lanz, R. Comp. (2003). "La Universidad se Reforma". *Informe Final I*. Ed. ORUS-IELSAL-CUPEL. Caracas, Venezuela

Lanz, R. Comp. (2005). "La Universidad se Reforma". *Informe Final III*. Ed. ORUSIELSAL-CUPEL. Caracas, Venezuela.

Laraousse, (2005). *Diccionario de Sinónimos y Antónimos de la Lengua Española* Vox Ed. S.L. Barcelona

Latapí, Sarre P. (2005). "La universidad pública, una institución integradora de la sociedad". *Ciclo de conferencias y mesa redonda, el debate por la UNAM*. Comisión Especial para el Congreso Universitario. Consultado el 20 de agosto de 2006. Disponible en http://www.cecu.unam.mx/4latapi.htm.

Lipovetsky, Guilles (1998). *El crepúsculo del deber. La ética indolora de los nuevos tiempos democráticos*. Barcelona, España. Ed. Anagrama.

Lopes da Rocha, Marisa (2005). "Movimientos en Psicología y Educación". *Revista Mexicana de Orientación Educativa* N° 7, , consultado en http://www.remo.ws/revista/n7/n7-rocha-bessahtm. para otras fuentes ver: http://www.saap.org.ar/.

López Segrera, F. (1998). "Importancia de la investigación universitaria latinoamericana en un mundo globalizado", en *La educación superior en el siglo XXI. Visión de América Latina y el Caribe* (Caracas: CRESALC/Unesco).

López Segrera F. (2004). "Posibles escenarios mundiales de la educación Superior". *Perfiles Educativos* [on line] Vo.27, no. 109-110 pp 140-165. Disponible en: http://scielo.unam.mx/scielo.php?script=sci_arttext&pid=S0185-26982005000200007&lng=es&nrm=iso.

López Segrera F. (2006). "América Latina y el Caribe: Globalización y Educación Superior". Consultado en agosto de 2006 Disponible en: www.riseu.unam.mx/documentos/acervo_documental/txtid0013.pdf .

Mancillas, Salvador (2002). "Filosofía de la reforma universitaria". *La gaceta universitaria* Año V No. 68. Tepic Nayarit. Lunes 18 de Febrero.

Marcelo, C. (1995). "Estrategias de análisis de datos en investigación Cualitativa" en Villar R.L.M (Coord). *Manual de Entrenamiento: Evaluación de procesos y Actividades Educativas.* Barcelona: PPU.p.39.

March G. y Simon, H. (1958). *Organization.* New York, John Wiley & Hijos.

Martínez, M. (1998). *La investigación cualitativa etnográfica en educación.* México: Trillas.

Maslow, A. (1998). *El hombre autorrealizado.* México: Kairós.

Mayor, F y Tanguiane, S. (2000). *L'enseignement supérieur au XXIe siécle. París.* Hermes Science Publications.

Merriam, S. (1998). *Qualitative research and case study applications in education.* San Francisco C.A. Jossey-Bass.

Mora R., Sebastián (1999). *Futuras Políticas del Voluntariado* Cáritas. Madrid

Morales Acosta, Elvia, et al (1999). *La Conciencia Histórica de la Universidad Autónoma de Nayarit. Tepic, Nayarit.* Ed. UAN.

Morin, E. (1981). *Para salir del siglo XX.* Barcelona, Kairós.

Morin, E (1999). *Los siete saberes necesarios para la educación del futuro,* CIUEM. UNESCO.

Morin, E. (2000). *La mente bien ordenada. Repensar la reforma. Reformar el pensamiento,* Barcelona, Seix Barral.

Morin, E. et al. (2002). *Educar en la era planetaria.* Valladolid. UNESCO. UVA.

Mureddu, C. (1995). *El modelo francés de universidad moderna.* Recuperado el 8 de mayo de 2007, de http://biblioteca.itam.mx/estudios/estudio/letras39- 40/texto04/sec_6.html.

Neave, G (1991). "A Changing Europe: Challenges for Higher Education Research" *Higher Education in Europe,* Vol XVI, num 3, 3-27.

Neave, G (1998). "Autonomía, responsabilidad social y libertad académica, documento preparado para el debate temático en la conferencia mundial sobre educación superior". *La educación superior en el siglo XXI. Visión y acción,* Paris: UNESCO.

Ontoria, A. y Ballesteros A. (1999). *Mapas conceptuales, una técnica para aprender.* Barcelona: Narcea.

Ortega y Gasset, J. (1982). "La misión sobre la universidad y otros ensayos sobre educación y pedagogía", Alianza Editorial, *Revista de Occidente,* Colección Obras de Ortega y Gasset. Madrid

Parent, Jacquemin Juan María (1998). "El profesor universitario. Caractericemos al profesor universitario". *Centro de Estudios de la Universidad. Universidad Autónoma del Estado de México.*

Localizado en octubre de 2005, disponible en: http://www.uaemex.mx/ceu/publi/univers/univer22.pdf

Poder Ejecutivo Federal (1989) *Programa para la Modernización Educativa 1989-1994*, México. *Reforma*, México.

Poder Ejecutivo Federal, (1995). *Plan Nacional de Desarrollo* 1995-2000, apartado III "Educación Media Superior y Superior", México, p. 158.

Porter, Luis (1988). *The Quest for Rationality in Higher Education: Acomparative study of the Nacional System for Higher Educational Planning in Five Public Universities in Mexico*. Tesis doctoral presentada en la Escuela de Graduados de Educación en Harvard University, (fotocopia de la versión original sin publicar ni traducir).

Porter, Luis (2003). *La Universidad de Papel*. Editorial Centro de Investigaciones Interdisciplinarias en Ciencias y Humanidades (CEIICH-UNAM). México, D.F.

Poulantzas Nicos (1997). *Poder Político y clases sociales en el estado Capitalista*. Editorial Siglo XXI. México, D.F.

Poy, Solano L. (2006). "Analfabetas, 771 millones de personas en el mundo: UNESCO. *La Jornada* viernes 8 de septiembre. Sección Sociedad y Justicia.

Puiggrós, Adriana (1998). *La otra reforma. Desde la educación menemista al fin de siglo*. Buenos Aires, Galerna.

Rainer, Stumpf. (2006). "Enseñanza para el mundo de mañana". *Deutschland magazine Disponible en http://www. magazine-deutschland. Localizada el 20 de Junio de 2006*.

Rama, Claudio (2006). *La Tercera Reforma de la Educación Superior en América Latina*. Fondo de Cultura Económica.

Rincón de Villalobos, Belkys (2006). Propuesta de aplicación de modelo de investigación de Argyris en la formación del rol de investigador en los docentes. Tesis Doctoral. Disponible en: http://www.tdx.cesca.es/TESIS_URV/AVAILABLE/TDX-0918103-101207//.

Rodríguez Gómez, Roberto (2004). "Acreditación ¿Ave fénix de la educación superior?" en Imanol Ordorika (ed.), *La academia en jaque. Perspectiva política sobre los programas de evaluación en educación superior*. Ed. Porrúa-CESU-UNAM. México, D.F.

Rodríguez Zidán, Eduardo (2006). "La escuela pública como institución democrática ante los desafíos del mundo actual". *Contexto Educativo No. 37 Año 7*. Localizado el 12 de enero de 2007. Disponible en: http://contexto-educativo.com.ar/2006/1/nota-02.htm.

Salinas de Gortari, C., 1989, "Educación Superior", *Universidad Futura*, México: Vol. 1, N° 1, 60-63.

Schwartzman, Simón (2001). "El futuro de la Educación en América Latina y el Caribe". *Séptima Reunión del Comité Regional*

*Intergubernamental UNESCO*. Documento de trabajo. Consultado en Agosto de 2006 en http://www.unesco.cl/medios/biblioteca/documentos/futuro_educacion_lac_esp.pdf.

Sotelo, I (1995). 'Educación y Democracia', en *Volver a pensar laEducación*, Vol. 1, pp. 34-59.

Stake, R (1999). *Investigación con estudios de caso*. Ed. Morata. Madrid.

Suárez, Molano J.O. (2003). "Universidad y verdad". *Revista Universidad de Antioquia*. Consultada el 17 de mayo de 2007 disponible en http://www.editorialudea.com/rev./273.html.

Tedesco, J.C. y Luis Porter (2006): "Políticas de subjetividad para la igualdad de oportunidades educativas. Un diálogo entre Juan Carlos Tedesco y Luis Porter". *Revista Electrónica de Investigación Educativa, 8(1)*. Consultado el día 27 de mes de agosto en el año 2006. Disponible en http://redie.uabc.mx/vol8no1/contenido-porter2.html.

Tejeda Fernández, José (1998). *Los agentes de la innovación en los Centros Educativos*. Ediciones Aljibe, Málaga, España.

Tellez, G.O. (2006). "Democracia y reestructuración académica en la UPN". *Revista de la Educación Superior. Vol. XXXV (4) No. 140*, Octubre-Diciembre.

Thompson K. (1980). "Organizations as Constructors of Social Reality, en G Salaman and K Thomson (Eds) *Control and Ideology in Organization*. Milton Kenyes: The Open University Press.

UAN (2002). *Documento Rector*. Universidad Autónoma de Nayarit. Tepic, Nayarit.

UAN-PDI (1999). "Reto y Compromiso". *Plan de Desarrollo Institucional*. Tepic, Nayarit.

UNESCO (1998). *La Educación Superior en el Siglo XXI. Visión y Acción*. Paris.

UNESCO (2000 e). *Executive Board*. 159 ex/39, 19/5. Paris.

Villalba, Ana Yesica (2002). "La universidad latinoamericana frente a la Globalización". Rev. *Universidades*. enero-junio número 023 UDUAL.

Weick, K.E. (1976). "Educational Organizations as Loosely Coupled Systems" en *Administrative Science Quarterly*, 8(2): 358-364

Yin, Robert K. (1994). *Case Study Research: Design and Methods*. Sage Publications, Thousand Oaks, CA.

Zea, Leopoldo (2005) "La universidad pública, una institución integradora de la sociedad". *Ciclo de conferencias y mesa redonda el debate por la UNAM*. Comisión Especial para el Congreso Universitario. Localizado el 20 de agosto de 2006. Disponible en http://www.cecu.unam.mx/5zea.